Alice Le Guiffant et Laurence Paré

L'art du désencombrement

Se libérer de l'inutile pour vivre plus léger

jouvence
EDITIONS

Extraits du catalogue Jouvence

Philosophies, Jacques de Coulon & Michel Roggo, 2008
La face cachée de la résilience, Pierre-Yves Brissiaud, 2008
Petit cahier d'exercices du lâcher-prise,
Rosette Poletti & Barbara Dobbs, 2008
365 gestes pour mon bien-être,
Sylvie Condesse & Marie Di Blasi, 2008
Petit guide de survie pour rester zen, Christian Zilocchi, 2008
Le non-jugement, de la théorie à la pratique,
Yves-Alexandre Thalmann, 2008
Chevaucher ses dragons intérieurs, Jean-Dominique Larmet, 2007
Libre : l'après-dépendance affective, Eva Arkady, 2007
Plénitudes, Rosette Poletti & Barbara Dobbs, 2007
Ressources, Rosette Poletti & Barbara Dobbs, 2006

Catalogue gratuit sur simple demande
ÉDITIONS JOUVENCE
France : BP 90107 – 74161 St-Julien-en-Genevois Cedex
Suisse : CP 184 – 1233 Genève-Bernex
Site internet : www.editions-jouvence.com
Mail : info@editions-jouvence.com

ISBN 978-2-88353-754-5

Mise en pages : Nelly Irniger, Fillinges (74)
Couverture : Dynamic 19, Thonon-les-Bains (74)
Dessins intérieurs et de couverture : Jean Augagneur

Sommaire

Seconde partie

Le désencombrement, un pas sur le chemin de la simplicité volontaire

« Celui qui sait qu'il possède assez est riche. »
Lao Tseu

À nos conjoints qui acceptent avec humour et amour
nos expériences, nos doutes, nos progrès et nos incohérences.

À nos enfants, qui nous montrent chaque jour
le chemin de la simplicité.

Introduction

« Donnez, donnez-moi du pouvoir d'achat ! » scandent Alexandre Castagnetti et Clément Marchand, les auteurs fantaisistes et cyniques de *La Chanson du dimanche* qui campent avec humour et réalisme les travers de notre société de consommation[1].

Depuis plusieurs années, les Français se plaignent de voir leur pouvoir d'achat diminuer alors que leurs salaires n'augmentent pas ou trop peu. Parallèlement, l'équipement des ménages ne cesse de s'améliorer. Selon une enquête Insee, en 2006 plus de 80 % des Français possédaient un réfrigérateur, un congélateur, un téléviseur, un magnétoscope, un lecteur DVD, une voiture, un téléphone

---

[1] Castagnetti Alexandre, Marchand Clément, *« Super Pouvoir d'Achat », La Chanson du Dimanche* – www.lachansondudimanche.com

fixe, un lave-linge, etc., et l'on peut aisément supposer que les chiffres ont augmenté. Les demandes d'équipement les plus fortes se portent sur les téléphones portables et les micro-ordinateurs dont les ventes progressent à un rythme de 5 % par an, ayant atteint 60 % à la fin de 2007. La part de dépenses en loisirs, culture, biens et services, accessoires… équivaut à 30 % du budget d'un ménage, autant que ce qu'il dépense en alimentation et en frais inhérents à son logement[2].

On comprend, à travers ce rapide bilan, combien l'expression « réussir sa vie » passe pour beaucoup par l'obligation de posséder plus. Dans une société qui tâtonne sur le plan sentimental avec près d'un divorce sur deux mariages, la productivité, l'ambition, le carriérisme, la spéculation et la consommation deviennent les seuls indicateurs visibles d'une réussite globale : professionnelle, familiale et personnelle. Dominique Quessada, philosophe et publicitaire, explique que, dans une société comme la nôtre, posséder c'est exister. *« L'objet remplit littéralement une fonction d'assujettissement (…). L'objet fabrique des sujets. Il assure une fonction fondamentale d'intégration qui le situe au-delà de son utilité immédiate .»*[3] L'objet engendre en effet une dictature dont il est le tyran et nous l'esclave. En fait, l'objet nous sert davantage à montrer aux autres notre situation sociale qu'à nous faciliter le quotidien. Au-delà même de son utilité, c'est sa capacité à nous conférer du pouvoir aux yeux des autres qui nous séduit. D'où notre goût pour l'accumulation car le superflu devient essentiel et se pose comme signe extérieur de réussite.

---

[2] Insee, www.insee.fr/fr/themes/theme.asp?theme=5&sous_theme=1

[3] Quessada Dominique, *La société de consommation de soi*, Éditions Verticales, Collection Sciences Humaines, Paris, 1999.

Cette volonté d'être reconnu comme une personne épanouie et ce besoin de se valoriser nous soumettent à la dictature des objets. En effet, nous avons des besoins élémentaires qui, s'ils ne sont pas comblés, créent un manque que l'on cherche à compenser, de façon inadéquate, par la consommation mais aussi par le jeu, l'alcool, etc. D'autre part, au fur et à mesure de l'émergence de la publicité, les cerveaux se sont imprégnés de slogans, passés dans le langage courant, qui ont nourri les fantasmes de la toute-puissance consommatrice. À entendre sans cesse *« J'y ai droit »* et *« Parce que [je] le [vaux] bien »*, chacun s'est persuadé que « l'avoir » était plus important et plus flatteur que « l'être ». L'étalage outrancier des richesses d'une minorité et la guerre des prix à laquelle se livrent les grandes surfaces ont aussi amené les plus démunis et *« la France d'en bas »* à réclamer leur part du gâteau.

Et c'est bien ce *« droit à posséder plus »* que le candidat Sarkozy a cristallisé, à l'élection présidentielle de 2007, en en faisant l'un de ses principaux thèmes de campagne, avec cette formule devenue célèbre : *« travailler plus pour gagner plus »*.

Dès lors, il est devenu non seulement légitime de vouloir plus, puisque la consommation elle-même est devenue une priorité nationale, mais aussi légitime de se lancer dans la course à l'équipement et à l'enrichissement financier, devenus les symboles du courage et de la détermination de « la France qui se lève tôt ». Travailler moins, gagner moins, consommer moins seraient alors synonymes de paresse, de marginalisation, de déchéance sociale. Pire, la consommation est devenue une unité de mesure du moral des Français, démontrant ainsi que c'est bien par la possession que l'on atteint le bonheur. Si les ménages consomment, c'est que leur moral est au plus haut… Pourtant, la consommation répond souvent à la volonté de combler un manque, une faille, une détresse.

Le moral des Français ne peut pas remonter à la force du porte-monnaie et, comme le dit Henry David Thoreau dès 1854 dans *Walden*, *« le luxe, en général, et beaucoup de soi-disant bien-être, non seulement ne sont pas indispensables, mais sont un obstacle positif à l'ascension de l'espèce humaine. »* [4]

Car continuer à croire que le bonheur passe par l'argent et l'accumulation, c'est malheureusement entreprendre une course sans fin et indiscutablement vouée à l'échec. On risque alors de perdre une partie de sa vie à travailler uniquement pour *« amasser des trésors sur la Terre que les vers et la rouille gâteront et que les voleurs perceront et déroberont »*[5], comme le disait déjà la Bible, il y a deux mille ans.

Ferait-on preuve de fantaisie, de sensiblerie ou d'optimisme déplacé si l'on évaluait notre moral par l'observation du nombre de naissances, de divorces, de consultations psychologiques ou de ventes d'antidépresseurs ?

L'aspect le plus vicieux du système, c'est qu'aujourd'hui nul n'est tenu d'avoir de l'argent en poche pour s'acheter ce qui lui fait plaisir. Emprunts en tous genres, paiements différés ou morcelés, crédits à la consommation sont autant de solutions délétères qui ont raison de l'hésitation des consommateurs les plus timides. Ces crédits entretiennent les habitudes d'achats compulsifs de ménages déjà en difficulté, les mettant dans des situations financières parfois dramatiques.

---

[4] Thoreau Henry David, *Je vivais seul dans les bois*, premier chapitre de *Walden*, Gallimard, Paris, 1922.

[5] La Bible, Matthieu, Livre VI, 19.

De plus, on comprend aisément aujourd'hui, à la lumière des combats des mouvements écologiques et décroissants, combien la consommation de masse a entamé sérieusement notre capital de ressources fossiles et a déstabilisé les rapports économiques mondiaux. Creusant toujours plus le fossé entre Nord et Sud, elle réduit des peuples entiers à la pauvreté après les avoir spoliés de leurs terres pour y cultiver des légumes vendus hors saison en Europe, pour fabriquer des biocarburants ou de l'huile de palme, ou pour y construire des usines. La consommation de masse contribue à polluer ou à assécher leurs nappes phréatiques pour exporter de l'eau en bouteille ou se libérer de nos déchets nucléaires. Notre volonté d'acheter toujours moins cher pousse des familles à vendre leurs enfants aux fabricants de textile ou incite des usines à employer des ouvriers mineurs pour fabriquer la dernière paire de baskets à la mode.

Voilà à quoi mène la surconsommation : à une gestion déraisonnée des ressources mondiales, à un dérèglement de l'écosystème que la nature a mis des millénaires à concevoir, à une pauvreté grandissante et à l'aveuglement d'une société qui scie la branche sur laquelle elle est assise.

Heureusement, dans ce contexte pessimiste, certains se mobilisent et défendent leur droit à acheter moins ou pas du tout. Ces gens, connus depuis quelques années sous le nom de « décroissants » ou « objecteurs de croissance » ou encore « simplistes volontaires » tentent de frayer leur propre chemin d'épanouissement personnel en faisant un usage modéré de la consommation et en se libérant du matérialisme. *« Au regard du luxe et du bien-être, les sages ont de tout temps mené une vie plus simple et plus frugale que les pauvres »*, affirmait H. D. Thoreau. Loin de vivre en ermites ou en marginaux, les acteurs de la simplicité volontaire se reconnaissent par leur volonté de consommer moins en questionnant notamment leurs habitudes ou leurs comportements compulsifs pour comprendre ce que chacun cherche à compenser dans cette frénésie de possession. Restaurer les valeurs simples de la vie humaine, prôner le retour à l'échange, au partage et à la créativité personnelle, identifier ses priorités de vie, profiter du temps et ne pas perdre sa vie à la gagner, autant de chemins que la simplicité volontaire se propose d'explorer. Ni nouvelle politique de rigueur ni nouveau militantisme écrasant ni dogme aux règles fixes, le mouvement de la simplicité volontaire ne s'impose pas, il se vit dans le respect des résistances et des désirs de chacun, enfin restauré dans son individualité.

Comment reprendre du pouvoir sur sa vie ? Comment se libérer de la dépendance à la consommation ? Comment gagner en sérénité par la libération de l'espace ? Comment se simplifier la vie ?

Ce par quoi il faut commencer à notre avis, c'est le désencombrement matériel de nos maisons. En effet nous y passons beaucoup de temps : nous y mangeons, y dormons, y vivons. Idéalement, ce devrait être un endroit dans lequel on peut se ressourcer, se reposer, réfléchir, jouer… or nos maisons sont souvent encombrées de tout ce que la surconsommation nous a invités à acheter. Découvert à la banque occasionné par trop d'achats, temps passé à entretenir, à nettoyer ou à ranger, ces objets provoquent souvent de l'angoisse et de la culpabilité. Selon les principes du Feng Shui, art ancestral chinois, l'élimination du bric-à-brac est importante pour commencer le travail de purification de l'espace et d'harmonisation des énergies. L'énergie qui stagne dans le fouillis peut se comparer à l'eau d'une mare qui croupit, verdit et finit par devenir nauséabonde… Le superflu, que l'on a mis parfois des années à amasser, nous empêche d'avancer. Il est comme un boulet que l'on tire. Il empiète notre espace vital, il nous vide de notre énergie, nous dévore. Ne nous étonnons pas alors que chaque pas nous soit aussi pénible, que nous nous réveillions fatigués le matin, que nous soyons de mauvaise humeur, que nous prenions du poids et que nous grognions après nos enfants et nos conjoints.

Faire le point sur nos possessions, sur ces objets qui envahissent notre espace et notre temps n'est que le début d'un long processus de questionnement sur la façon dont nous souhaitons mener notre vie.

C'est pourquoi ce livre a pour but de vous aider, de manière pratique et systématique, à entreprendre le désencombrement de votre maison et de votre vie.

Entendons-nous bien, l'objectif n'est certainement pas de vous amener à vivre dans une maison digne des magazines de décoration. Il s'agit simplement de vous libérer de l'encombrement matériel qui actuellement vide votre énergie à votre insu pour qu'enfin vous puissiez consacrer votre vie à ce qui est vraiment important à vos yeux : votre famille, vos amis, vos passions, votre travail, vos voyages ou toute autre chose qui vous intéresse.

Ceux qui ont commencé à se désencombrer témoignent tous de la sensation de liberté et de légèreté qui s'est emparée d'eux...

Vous vous rendrez vite compte que libérer votre maison va libérer des aspects de votre vie que vous croyiez bloqués : créativité, relations aux autres, efficacité, sommeil, santé, sexualité, travail...

> Croyez-le, le jeu en vaut mille fois la chandelle et il y a sûrement chez vous aussi au moins un tiroir qui supplie qu'on le libère de son bazar !

Comment en arrive-t-on à la simplicité volontaire ?

« Dans l'absolu, il n'y a pas
de bon ou de mauvais chemin.
Il y a celui qui me mène à destination,
et celui qui m'en éloigne. »
Isabelle Filliozat[6]

[6] Filliozat Isabelle, *Au cœur des émotions de l'enfant*, Jean-Claude Lattès, Paris, 1999.

J.A.

L'expérience d'Alice, accumulatrice écolo

Adolescente, je vivais dans un invraisemblable capharnaüm et rêvais d'une vie simple, d'une chambre rangée, d'une organisation en béton. J'étais à mille lieues de cela. Depuis ma plus tendre enfance, j'avais pris le pli de garder tout ce qui passait à ma portée et ma chambre débordait littéralement. J'avais bien réussi à me débarrasser, non sans mal, de ma collection d'images mais tout le reste, les cartes postales, les rubans, les jouets, les livres, les cahiers, etc., je l'avais gardé. Je ne savais tout simplement pas par quel bout attaquer le problème. En plus, une part de moi pensait sincèrement qu'en ayant plus, je serais plus heureuse.

C'est lors d'un long séjour aux États-Unis dans une prestigieuse école privée que j'ai pu constater, en fréquentant des enfants de millionnaires du monde entier, qu'ils n'étaient pas plus heureux que les autres et que la quantité d'objets possédée par un individu ne permettait pas de mesurer son bien-être avec pertinence ! Ce fut une réelle découverte.

En 1995, alors étudiante, j'ai découvert le livre d'Elaine St James[7], *Vivre simplement* dont le sous-titre, plus que le titre, m'a particulièrement inspiré. Il promettait *Des idées toutes simples pour travailler un peu moins et vivre beaucoup mieux.* Je l'ai donc acheté, puis lu, puis relu, puis rerelu… Oui, tout cela me parlait, mais la

[7] Saint James Elaine, *Vivre simplement*, First, Paris, 1998.

mise en pratique d'un certain nombre d'aspects me semblait plutôt ardue. Surtout que deux ans après je commençais à enseigner et passais des heures et des heures à préparer ma classe : travailler un peu moins, ça n'était pas tout à fait à l'ordre du jour. Et le désencombrement ne me paraissait pas tellement facile non plus.

Je n'ai jamais tellement consommé… mais j'ai toujours tout gardé ! Le premier déclic a eu lieu lorsque mon futur conjoint a emménagé chez moi, apportant en tout et pour tout un piano, une valise de vêtements, un vélo et une chaîne hifi. Ça tombait bien, ma maison était déjà tellement pleine qu'il n'aurait pas pu rajouter grand-chose. Comparer ce dont il se contentait et ce dont je m'encombrais a été fort instructif. Le deuxième déclic fut notre séjour en Inde. Parce que, pour des questions d'encombrement et de poids, nous étions partis quasiment les mains vides. Et que rien ne nous a manqué, là-bas. Finalement, on a besoin de si peu… Le troisième déclic, suite à un grave accident, fut de me rappeler à l'évidence que l'important, ce n'est pas ce qu'on possède, du moment qu'on a le minimum pour vivre, mais d'être en bonne santé et d'aimer…

Je commençais à vouloir me désencombrer, mais ne savais toujours pas comment faire. En 2005, ayant relu pour la énième fois le livre d'Elaine St James, je décidai de faire des recherches sur Internet. Et là, ô joie, ô bonheur, je trouvai deux pépites. Le site du Réseau québécois pour la simplicité volontaire, plus connu sous le sigle de RQSV, me permit de comprendre que je n'étais pas seule à chercher des solutions pour vivre mieux et me simplifier la vie. J'élargis alors ma vision des choses et enrichis ma réflexion, notamment sur le désencombrement grâce à un texte qui expose point par point, en allant du plus simple au plus compliqué, comment on peut se désencombrer. Puis, je découvris Flylady. net, un site anglophone pour les sous-doués du ménage et du rangement dont j'avoue faire partie. Voilà enfin un site concret qui m'expliquait par quoi commencer, comment m'y prendre exactement, que jeter, comment trier, comment organiser, bref, qui m'invitait à passer à la pratique. Ce que je fis avec une sorte de frénésie pendant les quelques mois qui suivirent. Régulièrement découragée, j'appelais à l'aide une de mes amies. Que Laurence et Léa soient ici remerciées pour les kilos de bazar qu'elles m'ont aidée à sortir de la maison.

C'est à la suite de ce grand désencombrement que j'ai pu passer à une deuxième phase que je n'avais pas imaginée jusqu'alors. Si je pouvais vivre sans tous ces objets, peut-être pouvais-je cesser d'en acheter autant ? J'avais sûrement besoin de moins d'argent que je ne le pensais… donc je pouvais commencer à envisager de travailler moins. Ce que je fis, très rapidement ! Et qui m'amena, grâce au temps retrouvé, à m'interroger sur ma vie, mes envies, mes rêves d'enfants, mes valeurs… Mais c'est une autre histoire.

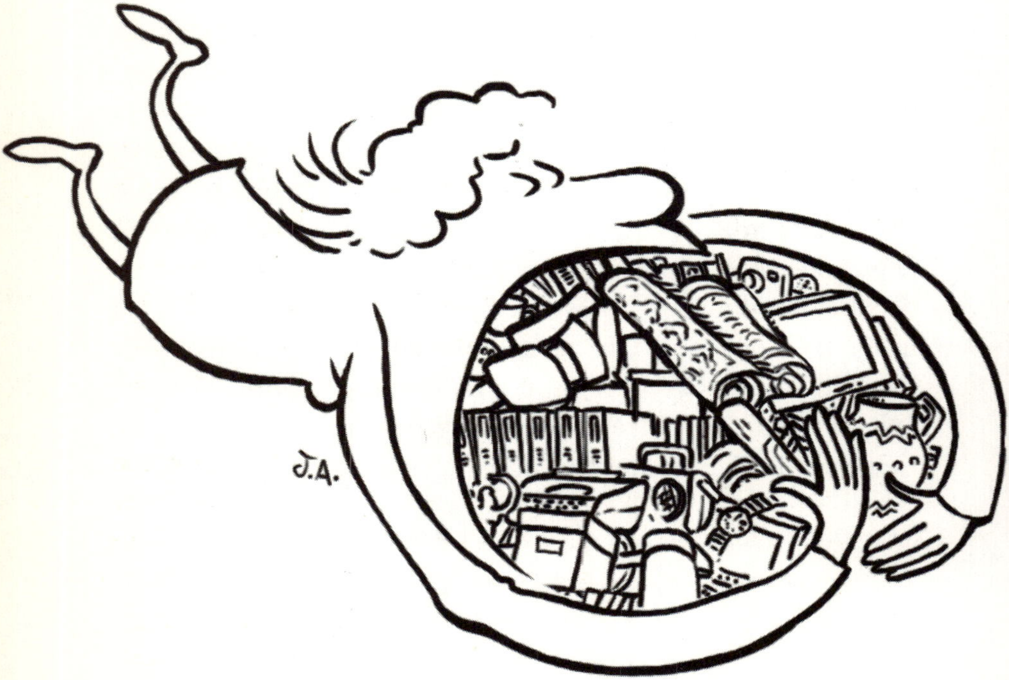
J.A.

L'expérience de Laurence, consommatrice repentie

Du plus loin que je m'en souvienne, mon compte a toujours été à découvert. Dès que je fus en âge d'avoir un peu d'argent de poche, je pris un plaisir immense à le dépenser. Économiser, patienter, savourer le retardement du plaisir, non, décidément ce n'était pas pour moi. J'étais dans la jouissance de l'instant et j'avais la certitude que posséder me donnerait de la valeur au sens propre et au sens figuré. Je vivais au-dessus de mes moyens car je souhaitais atteindre un degré de perfection matérielle qui m'ouvrirait la voie de la plénitude. Mes études de commerce m'ont entourée de jeunes ambitieux aux dents longues pour qui la possession était le reflet de leur réussite dans le monde professionnel. *« On n'a jamais deux fois l'occasion de faire une première bonne impression »* est devenu notre mantra obsédant, m'incitant à dépenser toujours plus dans des vêtements et des accessoires coûteux.

Les premiers salaires, gagnés pendant plusieurs années dans le milieu du marketing, furent l'occasion des premières orgies et des premières désillusions. Je noyais souvent mon chagrin, ma colère ou mon angoisse dans les achats compulsifs et j'ouvrais toujours d'une main fébrile les relevés de banque qui s'amoncelaient dans ma boîte aux lettres. J'ai donc longtemps fait partie de ces gens qui consomment à outrance, qui se gavent de tout ce que la technologie peut leur offrir d'inutile et d'encombrant. Rien n'était un obstacle à mon besoin de consommer, ni le prix ni la quantité. Ce que je préférais, je crois, c'était acheter massivement pour que les autres clients puissent me regarder avec respect en pensant que j'étais « quelqu'un ». Arrivée chez moi, l'euphorie passée, la culpabilité m'envahissait souvent.

Cependant, je n'accumulais rien car je ne supportais pas le désordre ni le fait que ces objets, inutilisés pour la plupart, me rappelaient sans cesse mes débordements et mes excès. J'ai toujours été une championne du désencombrement. Petite déjà, je vidais régulièrement ma chambre de tout ce qui m'étouffait. Adepte des vide-greniers depuis mon plus jeune âge, je vendais sans scrupules mes jouets et mes souvenirs, au grand dam de mes proches qui y voyaient une forme d'ingratitude. Devenue adulte, je continuai à me débarrasser périodiquement du trop-plein qui encombrait mes placards et mon esprit.

Et puis, un jour, j'en ai eu assez. Je sentais un grand vide en moi, malgré tous ces objets. J'avais l'impression d'être devenue insipide et superficielle. J'ai quitté la vie parisienne, le monde édulcoré et manipulateur du marketing et je suis venue m'installer dans une petite ville avec mon futur mari. Sans emploi, sans salaire, enceinte, j'ai pris alors le temps de découvrir ma propre richesse. Je me suis interrogée sur ce que je souhaitais transmettre à cet enfant, sur les valeurs que je chérissais, sur la vie que j'avais envie de mener et j'ai commencé à fréquenter le marché et le magasin bio, après qu'Alice m'a offert un livre de cuisine végétarienne. Ce fut un premier déclic. J'ai commencé par m'intéresser vraiment à ce que je mangeais et la première chose que j'ai simplifiée, c'est mon alimentation. On a souvent l'impression qu'il faut changer radicalement de vie, ce que bien sûr, peu de personnes sont prêtes à faire. Alors que c'est souvent par de petites choses que le changement peut s'opérer. Je me suis rendu compte avec étonnement que certains de mes déséquilibres alimentaires se régulaient, alors que j'avais tenté en vain pendant de nombreuses années de me détacher de mes mauvaises habitudes. J'ai compris que ce processus était possible dans toutes les sphères de ma vie.

La naissance de ma fille m'a confortée dans l'idée que les choses essentielles ne sont pas matérielles et que les humains, par nature, naissent « simples ». Elle a été un guide pour moi car elle savait toujours donner plus d'importance à un câlin qu'à un jouet.

Le deuxième déclic fut l'achat de notre maison. Au regard de notre budget, nous ne pouvions pas acheter la maison parfaite dont je rêvais. Nous avons donc jeté notre dévolu sur une maison que nous rénovons patiemment depuis sept ans. Bien loin de mes desiderata de jeunesse, cette bâtisse m'aura appris que le bonheur se situe justement dans la mouvance et dans l'imperfection : nous ne pouvions pas attendre que chaque objet parfait soit à sa place parfaite pour vivre et être heureux. J'ai donc appris à jouir de l'à-peu-près, et surtout j'ai appris à attendre. Petit à petit, les objets sont devenus moins essentiels que les plaisirs partagés dans ce foyer. J'ai découvert la simplicité volontaire par le biais du livre d'Elaine Saint James qui traînait chez Alice puis par mes recherches sur le net, mais j'étais déjà dans ce processus de désintoxication de l'objet avant même de connaître ce mouvement. Parallèlement, je suivais des cours sur l'art du Feng Shui dont je suis aujourd'hui une adepte convaincue. Le désencombrement est alors devenu pour moi non un moyen de me débarrasser de ma culpabilité (due aux objets accumulés lors des phases d'achat compulsif) mais un processus de purification et d'introspection.

Portée par l'optimisme des débuts et la fraîcheur des découvertes, je me suis sentie vraiment libérée. J'avais le sentiment que la vie était plus réelle, qu'elle avait plus de goût et de sens, que je me posais face à elle avec plus de profondeur et de sérénité. Les progrès étaient visibles et apportaient plénitude et bien-être. Des mètres cubes d'objets donnés ou vendus, des coupes sèches dans le budget, des gadgets dont je me désintoxiquais, un rapport nouveau à l'argent, une réduction du temps de travail pour ma famille et moi-même, des projets plein la tête… L'apogée. Puis vint le moment des paliers difficiles à franchir, vint l'impression d'avoir déjà tout dit, tout essayé, tout vidé (au sens propre et figuré) et la douloureuse sensation d'être arrivée au bout et de ne plus pouvoir progresser.

Vint alors le « à quoi bon ? » et la sensation désagréable de n'être plus tout à fait à ma place nulle part, avec des amis souvent décontenancés par mes agissements et mes pensées. Je me suis dit alors que je m'étais peut-être trompée, que j'avais jeté le bébé avec l'eau du bain, que j'avais voulu aller trop vite, trop loin et que personne ne pouvait délibérément, résolument et durablement résister à la société de consommation. Mais une conscience ouverte ne se referme pas. Et les pas faits en avant sont plus compliqués à faire en arrière. Conforme à mon caractère, mon évolution aura été faite de grandes avancées, de désencombrements radicaux, de défaitisme et de pessimisme, de grandes envolées lyriques et de périodes de repos. C'est ainsi que la SV (simplicité volontaire) m'aura permis de choisir de gagner moins d'argent et d'élever mes enfants, de reprendre mes études, de changer de métier, de donner la possibilité à mon mari de réduire son temps de travail, de me lancer dans l'écriture d'un blog avec Alice puis dans la rédaction de ce livre. Je progresse chaque jour, non vers la perfection mais vers moi-même, dans l'acceptation de mes forces et de mes faiblesses, de mes qualités et de mes incohérences. J'aime toujours la mode et les livres, je prends toujours plaisir à décorer mon intérieur mais je ne me sens plus esclave des objets.

Première partie

Qu'est-ce que la simplicité volontaire ?

TO HAVE
OR
NOT TO HAVE
J.A.

I

Les origines

« La croyance qui tient la possession d'un bien-être matériel comme le but ultime à atteindre est originaire de l'Occident. »[8]

Yann Forget

---

[8] Forget Yann, *Les Ouvriers de la dernière heure*, Mémoire de maîtrise de philosophie, 1993.

La simplicité volontaire est probablement aussi vieille que la société occidentale elle-même bien qu'elle ne se reconnaisse pas comme un mouvement et n'ait adopté ce nom que récemment. En effet, dès que les hommes ont été en capacité de vivre dans une plus grande opulence, ils ont été tentés par les excès et ont trouvé des gens sur leur chemin pour les rappeler à un mode de vie plus simple, plus proche de la nature.

De l'Antiquité au Moyen Âge

La plupart des fondateurs des grandes religions du monde ont prôné et pratiqué un mode de vie simple : Jésus, Mahomet, Lao-Tseu, Bouddha... tous ont tenté de faire comprendre à leurs contemporains la place secondaire du monde matériel dans la vie.

En dehors des textes religieux, on trouve les premières traces de réflexion sur la façon de vivre simplement dès l'Antiquité : les philosophes cyniques et épicuriens s'intéressent déjà à la distinction entre le nécessaire et le superflu. Épicure, dans la *Lettre à Ménécée*[9] propose de distinguer entre les désirs qui sont naturels et ceux qui sont « vains ». Et, parmi les désirs naturels, de distinguer ceux qui sont vraiment nécessaires (à la vie, à la santé) et les autres... ce qui permet d'atteindre le bonheur. Il rappelle que *« Les nourritures savoureusement simples vous régalent aussi*

[9] Épicure et Pénisson Pierre, *Lettre à Ménécée*, Hatier, Les Classiques de la philosophie, Paris, 1999.

bien qu'un ordinaire fastueux, sitôt éradiquée toute la douleur du manque ». Socrate, quant à lui, vivait simplement et cherchait la voie moyenne entre richesse et pauvreté. Il pensait qu'adopter ce mode de vie permettait d'être plus près des Dieux.

Plus tard, au Moyen Âge, les communautés monastiques eurent comme mots d'ordre l'autosuffisance et la pauvreté.

Francesco Bernardone, plus connu sous le nom de saint François d'Assise, est un jeune homme riche lorsqu'il choisit, pendant l'hiver 1206-1207, de renoncer à son héritage et à son mode de vie (fêtes, popularité, richesse) pour vivre sans aucune possession. Critiqué, parfois considéré comme fou, il est pourtant suivi par des personnes de plus en plus nombreuses, qui choisissent de tout quitter pour adopter son mode de vie frugal, pieux. À tel point qu'il fonde en 1208 une petite communauté : le mouvement franciscain connaît alors une expansion exceptionnelle. C'est pourquoi il est constamment cité lorsque l'on parle de la simplicité volontaire car beaucoup le considèrent comme un exemple… Un peu extrême à l'heure actuelle pour beaucoup d'entre nous.

Cette histoire peut aussi nous faire penser au premier des Bouddha, Siddhartha Gautama, fils de roi. La légende affirme qu'un jour, il se rendit compte que l'argent le mettait à l'abri du besoin mais qu'il ne pourrait empêcher ni le malheur ni la maladie. Il décida donc de tout abandonner pour méditer et mendier. Quelques années plus tard, se rendant compte qu'il n'avait pas tellement progressé, il décida d'opter pour un juste milieu, en somme, pour une vie simple : loin des privations mortifères et loin des excès. Bien sûr, son enseignement va bien au-delà de cela, puisqu'il affirme que chacun sur Terre peut accéder à l'illumination… Mais la simplicité est peut-être ce premier pas vers une libération ?

L'époque moderne

De grandes figures ont réfléchi ou écrit sur la simplicité volontaire avant qu'elle ne porte ce nom. Parmi eux, on peut citer les écrivains Léon Tolstoï ou John Ruskin, auteur de l'essai économique *Unto this last* paru en 1860 qui exerça une très grande influence sur la pensée de Gandhi et le poète Henry David Thoreau, qui rédige dans *Walden*, en 1854, une critique du monde occidental à travers le récit de deux années passées dans les bois à vivre au plus proche de la nature.

Plus près de nous, on peut citer Gandhi qui renonça lui aussi à une vie opulente en affirmant vouloir *« vivre simplement pour que simplement d'autres puissent vivre »*. S'abstenant de toute *« consommation ostentatoire »* [10] il a mené une vie simple jusqu'à sa mort rappelant que la pauvreté s'évalue aussi au regard de la richesse qui nous entoure et que nous nous sentons malheureux d'avoir moins que les autres…

En Europe, de nombreuses communautés, à caractère non expressément religieux, voient le jour régulièrement depuis presque un siècle afin de permettre à leurs membres de vivre ensemble plus simplement, en se contentant du fruit de leur travail, en autonomie plus ou moins radicale avec la société qui les entoure. Une des plus célèbres est la Communauté de l'Arche, fondée par Lanza del Vasto dès 1948. Ses membres choisissent de vivre de leur travail dans la simplicité et dans la non-violence. Les saisons sont rythmées par

[10] www.cairn.info/revue-internationale-des-sciences-sociales-2001-3-page-533.htm

des fêtes importantes, la spiritualité y tient une grande place, principalement sous la forme de prières et de jeûnes.

Apparition du terme « simplicité volontaire »

C'est en 1936 qu'apparaît pour la première fois l'expression « simplicité volontaire » dans la plus stricte confidentialité, sous la plume de Richard Gregg. Ce sociologue affirme dans son livre consacré à Gandhi *The Value of Volontary Simplicity*[11] : « *La simplicité volontaire (...) implique (...) un environnement non encombré, l'absence de possessions qui ne soient pas directement reliées au but principal de la vie. (...) Elle demande que l'individu sache se restreindre dans certains domaines en vue d'assurer une plus grande abondance de vie dans d'autres.* »[12] Ce n'est que lors de la réédition en 1974 de cet ouvrage[13] que le terme « simplicité volontaire » apparaît.

Il sera surtout popularisé en 1981 par Duane Elgin qui en fait le titre de son livre, *Voluntary simplicity : toward a way of life that is outwardly simple, inwardly rich.* À la suite de la parution de cet ouvrage, on peut dire que commence à se développer un courant de simplicité volontaire. Ce mouvement prend plus d'ampleur encore après la parution, au Canada, d'un livre de Serge Mongeau, médecin de formation, qui écrit *La simplicité volontaire.*

---

[11] Ouvrage non traduit en français à notre connaissance.

[12] Pradervand Pierre, *Découvrir les vraies richesses, pistes pour vivre plus simplement*, Jouvence, 1998.

[13] Gregg Richard, *The value of Volontary Simplicity*, Pendle Hill, 1936.

Tous ceux qui, depuis des siècles, pratiquent la simplicité volontaire, s'accordent sur l'idée qu'on ne peut pas vivre sereinement en étant encombré. Mais attention à ne pas tomber dans l'excès.

II

Le complexe de la robe de bure

« Ce n'est pas une religion, ni un éloge de la privation.
Ce n'est pas de l'ascèse ni une invitation à la pauvreté.
Ce n'est pas non plus un concours, où celui qui
se "priverait le plus" serait plus admirable. »[14]
Serge Mongeau

[14] www.ofm-canada.org/fra/franciscains/simplicite.htm

Nous sommes tellement habitués à notre environnement surchargé, à la consommation, à la technologie qu'il serait illusoire, voire dangereux pour notre équilibre, de vouloir renoncer à tout d'un seul coup. Si le minimalisme zen est à la mode, il ne peut pas convenir à tout le monde, ni surtout être atteint en un clin d'œil. Là encore, le désir de perfection engendre un stress et une culpabilité inutiles.

Le désencombrement ne doit pas diriger votre vie, ni devenir une exigence, liée à une mode passagère, qui vous priverait du sel de la vie. Au contraire, cela doit amener à plus de profondeur et de réalité. Et surtout, à plus de vérité sur vous-même.

Désencombrer ne consiste surtout pas à :

- se priver de tout ;
- vivre entre quatre murs vides, ou dans une cabane dans les bois ;
- refuser d'acheter quoi que ce soit ;
- mépriser l'argent ;
- vivre avec un seul pull et une paire de chaussettes ;
- n'habiller ses enfants qu'avec le strict nécessaire ;
- ne plus avoir aucun bibelot ni aucun souvenir offert par votre grand-mère.

Désencombrer consiste à faire le vide en soi et autour de soi pour ne garder que l'essentiel. Il consiste à réévaluer sa vie à l'aune de cette grande question : qu'est-ce qui est véritablement important pour moi au fond ? Quelles sont mes valeurs, les priorités que je me fixe ? À quoi ai-je envie de consacrer ma vie ?

Se désencombrer du matériel est souvent un premier pas dans la simplification de sa vie. C'est une étape qui vous amènera à réduire votre consommation, vos dépenses et conséquemment

J.A.

votre temps de travail. Vous pourrez consacrer le temps ainsi dégagé à pratiquer les activités de votre choix sans que cela nuise à votre vie ou à votre entourage, à vous arrêter un moment pour réfléchir à la façon dont vous gagnez votre vie, à la façon dont vous préféreriez la gagner, à la façon dont vous pourriez mettre des choses en œuvre pour y arriver…

Il en découlera naturellement plus de bien-être, donc une moindre dépendance aux activités, à la nourriture, aux drogues… Cette nouvelle liberté vous permettra d'avancer un peu plus puis de calculer ce qui est « assez » pour vous et vous en contenter, de vous libérer de la pression marketing et de choisir en toute conscience et avec plaisir les objets qui vous entourent, de ralentir le tourbillon social qui vous épuise et de vous consacrer aux gens que vous aimez, de prendre du temps avec eux, pour eux, parce que ce sont eux qui vous font du bien. Au final, vous serez riche de vous savoir libre.

Car tout premier pas vers la réclamation de sa liberté permet de prendre conscience qu'on l'a librement sacrifiée. En vérité, votre pouvoir est bien plus grand que vous le croyez ou que les publicitaires, les hommes politiques, les journaux vous le font croire. Lorsque nous parlons de pouvoir, nous ne parlons pas du pouvoir sur les hommes, sur la Terre ou sur le gouvernement, mais du pouvoir sur votre vie.

Il vous arrive de devoir choisir entre la peste et le choléra mais cela reste un choix. C'est difficile à admettre parce qu'accepter cette notion de choix, c'est accepter votre responsabilité devant la vie et ce qu'elle vous sert. Dès lors, vous ne pourrez plus dire « je ne peux pas » ou « je suis bien obligé de » ou « si mon patron/mon mari/le gouvernement/le monde n'était pas… »

La simplicité volontaire c'est peut-être, pour la première fois, la possibilité de dire « Je choisis donc je suis ».

III

Autres approches du désencombrement

« L'excès de richesse est peut-être plus difficile à porter que la pauvreté. »
Heinrich Heine
(Lutèce)

La décroissance

On pourrait dire, pour faire vite, que la décroissance est le pendant politique et collectif de la simplicité volontaire. Elle la rejoint en ce sens qu'elle vise à la réduction concrète de la consommation, mais elle vise aussi la réduction de la production, ce qui n'est pas du ressort direct de la simplicité volontaire, bien qu'une diminution de la consommation puisse, à terme, entraîner une réduction de la production. Les décroissants considèrent le partage comme une valeur à développer, notamment le partage du travail. Ils souhaitent agir en promouvant plus de démocratie, c'est-à-dire une démocratie plus participative et plus directe.

Tout comme la simplicité volontaire, le mouvement pour la décroissance ne vise à faire décroître que la consommation et la prépondérance de l'aspect économique de nos vies, pour que d'autres domaines puissent croître plus en harmonie : le temps pour vivre, les relations humaines, l'équité, la santé, l'art, etc. Le tout, bien sûr, dans un respect des écosystèmes et des humains. C'est pourquoi elle s'adresse exclusivement au 20 % des êtres humains qui vivent avec 80 % des ressources. Il n'est pas question de vouloir faire décroître ceux qui n'ont déjà rien !

« La perfection est atteinte, non pas lorsqu'il n'y a plus rien à ajouter, mais lorsqu'il n'y a plus rien à retirer. »
Antoine de Saint-Exupéry

Le minimalisme

Le minimalisme est à l'origine un mouvement artistique. Depuis quelques années, il a aussi trouvé son expression dans l'architecture et le design. Ses adeptes vivent dans des maisons dépouillées de tout objet superflu et se contentent du minimum dans un choix esthétique et artistique réfléchi, visant à la perfection. Cela va au-delà de la simple question de la possession : la répartition des objets dans l'espace, la décoration ont aussi leur importance. Par exemple, toutes les surfaces doivent être dégagées : les sols libérés, les murs pratiquement nus, le dessus des meubles vierge de tout objet sauf éventuellement un ou deux, choisi avec soin. On peut s'autoriser à mettre un tableau s'il est d'excellente facture. Les objets utilitaires sont cachés dans des meubles en nombre limité. Les bibelots en général sont prohibés. Même la couleur des murs est choisie de façon à pouvoir laisser l'esprit au repos : ainsi, on privilégiera le blanc ou à défaut des couleurs très pâles. C'est donc avant tout un mouvement à visée esthétique… mais qui, par bien des aspects, rejoint le désencombrement.

Le cercle des passionnés de petites maisons

Les Américains ayant les maisons les plus grandes du monde (la superficie moyenne est de 205 m^2 habitables), ce sont eux qui ont initié ce mouvement vers un habitat plus petit, retour du balancier oblige. Un cercle de passionnés s'est créé, des livres ont été publiés, des maisons construites selon ce nouveau mot d'ordre « faire petit ». Pourquoi ? Pour des raisons de coût, principalement, mais aussi pour des raisons écologiques : en effet il se construit tous les ans une centaine de maisons de plus de 1000 m^2 et il y aurait au moins 10 millions de maisons vides aux États-Unis ! Bien sûr, avoir une maison petite, voire minuscule – à partir de 12 m^2 ! – oblige à se limiter à l'essentiel... Là, le désencombrement devient une nécessité absolue, à moins d'être prêt à périr étouffé[15] !

Il n'est cependant pas nécessaire d'habiter une toute petite maison pour décider de désencombrer.

---

[15] *La maison écologique*, n° 45, juin juillet 2008.

IV

À quoi sert le désencombrement ?

« La possession est mue par la peur de perdre et
la peur du manque, la plus grande peur sur la planète. »
Pierre Pradervand

Se libérer de la dictature de l'objet

Désencombrer vous permettra de recentrer votre temps sur vos priorités et de vous réapproprier votre vie. Ne garder que ce qui vous est utile ou agréable, c'est apprendre à vous connaître, à choisir, à affirmer ce qui vous plaît ou pas et à l'assumer aux yeux des autres. Car avoir une maison désencombrée de tout ce qui ne vous correspond pas, c'est offrir au regard de l'étranger comme de l'intime un visage qui est en totale harmonie avec votre psychisme. Votre maison parle de vous, laissez-la dire qui vous êtes vraiment.

Reconnaître que vous avez trop, c'est vous savoir riche de tout ce que vous possédez déjà, ce qui permettra de réduire inexorablement vos éternelles envies. Accepter de lâcher prise face aux objets chargés affectivement, c'est laisser reposer le passé et vivre enfin dans le présent.

Enfin, désencombrer c'est accepter l'idée que les objets ne doivent pas diriger votre vie. Les gens meurent, les objets non. Et c'est pourtant avec des objets que vous passez le plus clair de votre temps. Ces objets qui vous survivront ne sauront jamais vous remercier d'avoir passé tant de temps à les soigner mais vos proches, eux, peuvent regretter de ne pas vous avoir bien connu. Combien possédez-vous d'objets ayant appartenu à ceux que vous avez aimés mais avec qui, finalement, vous avez peu de souvenirs de partage ou de discussion, tant vous étiez chacun occupés à acheter, assurer, entretenir, ranger vos différentes possessions ?

Désencombrer, c'est décider qu'à partir de maintenant, ce sont les êtres animés qui feront le sel de votre vie.

Témoignage de Caroline, designer pour des textiles écologiques

Mes parents m'ont rendu un beau jour TOUTES mes affaires d'enfance : qu'en faire ? J'avais pour la plupart de ces objets un attachement affectif fort... mais leur utilité était nulle, et je ne voyais pas de raison que ça me serve à nouveau un jour. Peu de temps après, lors d'une séparation, j'ai rouvert de nombreux cartons de photos qui m'ont finalement amenée à décider de faire du tri dans les objets du passé pour pouvoir tirer un trait et m'ancrer dans le présent. Je subissais mon passé, j'étais un escargot avec une énorme coquille que je traînais partout avec moi. J'avais vécu beaucoup de déménagements, donc la question de l'habitat se posait pour moi. Je ne construisais nulle part ma vie, je la transportais, je déplaçais mes cartons, je ne m'installais jamais dans le présent, ça me bloquait complètement. Au bout d'un moment, je n'ouvrais même plus une grande partie des cartons, je me contentais de les déménager, certains ont fait trois ou quatre déménagements sans être ouverts !

Ma vie, c'était mes affaires. Je m'identifiais complètement à elles et en même temps je commençais à avoir le sentiment d'être étouffée physiquement. Ce n'était pas moi qui habitais la maison, mais mes cartons. Quand j'en ai pris conscience, je me suis dit : « stop ». Cela dit, ce n'est pas si facile. C'est un cheminement extrêmement long pour moi, c'est une épreuve. Je le fais cependant très consciemment. Tous les jours, de façon aléatoire et anarchique, selon l'humeur du jour, j'ouvre par exemple deux cartons, le but étant de les vider. Je vais très lentement. Je prends les objets un par un, décide de leur sort. Souvent : jeté ou donné. À chaque objet que je donne ou que je jette je pense « je me détache de toi, au revoir » et j'en fais mon deuil. Puis, je passe au suivant. Parfois, je jette avec beaucoup de soulagement des objets qui me rappellent des mauvais souvenirs, parfois j'ai du mal mais je me force car je sens que c'est mieux pour moi. Ce que j'ai appris de mon passé, je le garde en moi mais je n'ai plus besoin de la charge matérielle. Certains objets me dévoraient. Je gardais plein de choses cassées en pensant les réparer. Je ne pouvais pas les jeter, je trouvais déjà qu'il y avait trop de déchets… Mais ma maison non plus n'est pas une déchetterie ! Du coup, je passe aussi énormément de temps à voir où, à qui je peux donner… associations, voisins, amis. Je trie les vêtements, vais aux dépôts, à la déchetterie, à la recyclerie…

En ce moment, je suis à peu près au milieu de mon désencombrement… mais je sens que lorsque ce sera fini, il ne restera presque plus rien. Je veux partir comme si j'allais m'installer dans un studio parce que j'ai toujours habité dans des endroits de plus en plus grands et c'est un piège : plus on a grand, plus on accumule. De plus, les grands espaces, il faut les meubler, les décorer, les investir. Avoir petit oblige à être ingénieux, je trouve cela plus facile à rendre chaleureux et, surtout, cela oblige à garder le minimum. Là, je suis déjà plus légère, mais extrêmement fatiguée : c'est comme une mue.

Cela a des conséquences : au quotidien je veille à ne plus me laisser envahir et, vraiment, je sens que je commence à vivre au présent.

Réduire ses dépenses, améliorer ses finances

« Si, au lieu de gagner beaucoup d'argent pour vivre, nous tâchions de vivre avec peu d'argent ? »
Jules Renard

L'accumulation d'objets dans une maison engendre toujours des dépenses supplémentaires. Vous en doutez ? Et pourtant, n'avez-vous jamais :

- payé de surtaxe à la générale des eaux, au trésor public... parce que le TIP que vous deviez renvoyer était resté coincé sous une de vos innombrables piles ?
- dû racheter cet outil indispensable sur lequel vous n'arrivez plus à mettre la main dans votre bazar ou cet autre dont vous aviez oublié l'existence ?
- cassé des objets qui n'auraient jamais dû se trouver là et dû les racheter ?

Par ailleurs, désencombrer vous permettra :

- de revenir à un budget nourriture raisonnable en surveillant votre frigo et de ne pas jeter ainsi la moitié des aliments que vous achetez ;
- de gagner de l'argent parce que vous allez vendre une partie de ce que vous aurez désencombré ;
- de faire des économies, parce qu'à partir de maintenant, vous allez arrêter d'acheter des objets inutiles et encombrants.

Gagner en temps et en efficacité

On oublie trop souvent combien l'encombrement matériel est chronophage. Plus il y a d'objets, plus ceux qui vous sont indispensables sont difficiles à trouver. Lorsqu'on a peu, on sait toujours où trouver ce dont on a besoin, on peut enfin organiser sa maison. Chaque chose trouve sa place. Chaque meuble, chaque pièce, chaque tiroir peut avoir une fonction particulière. La maison devient un endroit simple où chacun peut se repérer, y compris les enfants, pour le bien-être de tous.

Du coup, on gagne un temps considérable et on évite :

- de retourner la maison sens dessus dessous pour retrouver, avant minuit, la déclaration d'impôts sur le revenu ;
- d'oublier, encore, le rendez-vous pris chez le dentiste et noté sur un papier volant ;
- de passer du temps à déplacer, remuer, fouiller dans des piles ou des placards pour retrouver ce qui vous manque ;
- de passer un quart d'heure à trouver l'ustensile adéquat pour cuisiner, repasser, bricoler, coudre… et finir par décider d'abandonner le projet !

Autant de situations stressantes, voire angoissantes dont vous vous passeriez bien.

L'expérience d'Alice

« J'aime peindre. Le seul problème c'est qu'il me faut déjà 3/4 d'heure pour débarrasser la table, puis retrouver mes affaires de peinture, aller chercher la toile dans la remise, les pinceaux au grenier et le chevalet... Dieu sait où, alors évidemment je ne fais pas souvent de peinture ! De la même façon, je gère très mal la paperasse. Le fait que les crayons soient à un endroit, les timbres à un autre, les enveloppes encore ailleurs et le papier à l'étage ne facilite certainement pas les choses : une simple déclaration à remplir devient vite une épreuve ! Il faut que je trouve un endroit où ranger le nécessaire : mon bureau peut-être ? Mais pour cela il faudrait qu'on puisse poser quelque chose dessus, je veux dire, ailleurs que sur une pile déjà trop haute ! »

Gagner en énergie

« L'âme humaine renferme la capacité de transformer les choses et les êtres, d'agir à distance, tout lui obéit dès lors qu'elle possède l'énergie nécessaire. »
Heinrich Cornelius Agrippa von Nettesheim

De la même façon, vous ferez le ménage et rangerez plus rapidement dans une maison désencombrée. Moins le chiffon à poussière rencontre de bibelots sur son passage, plus vite les surfaces sont propres. De même, quand les enfants ont deux fois moins de jouets, leur chambre se range deux fois plus vite. Vous remarquerez bientôt que tout se fait plus aisément quand un minimum d'obstacles se dresse sur votre passage. Vos idées elles-mêmes seront plus claires dans un espace dégagé !

A contrario, la simple vision d'un endroit encombré suffit à vous épuiser.

L'expérience d'Alice

« Lors d'une période de travaux, alors que la cuisine et la salle de bains étaient sens dessus dessous, j'ai compris l'importance d'un espace dégagé. Car, même s'il était techniquement possible de faire à manger, cela me semblait tellement compliqué (il fallait d'abord déplacer le frigo pour pouvoir atteindre la gazinière, aller repêcher les casseroles dans les caisses où elles avaient été rangées pour qu'on puisse déplacer le buffet, puis se contorsionner pour atteindre l'évier, etc.) que nous avons mangé des pommes de terre froides et du pain beurré.

Dans la salle de bains, on pouvait, avec de la bonne volonté, mettre le linge sale dans le panier, mais il fallait enjamber tout un tas de choses... et, non, j'aime trop peu le rangement. J'y arrive quand l'environnement est optimum, mais dès qu'un obstacle se trouve en travers de ma route, il me fait reculer. Donc, j'ai lancé le linge de loin, j'ai mal visé, il est tombé à côté et y est resté jusqu'à ce que les lieux soient à nouveau accessibles.

Je ne m'étais pas rendu compte, jusqu'à ce moment, à quel point la fonctionnalité d'un lieu pouvait être importante. C'est pourquoi, j'ai commencé à désencombrer pour pouvoir accéder plus facilement à tout ce dont j'avais besoin. »

Gagner en tranquillité d'esprit

« Lorsqu'il est libre, l'esprit est naturellement serein, de même que l'eau non agitée est par nature limpide et claire. »
Proverbe tibétain

Quand vous commencerez à désencombrer, vous aurez l'impression de vider la mer à la petite cuillère et vous penserez sûrement que jamais vous ne parviendrez à plus de sérénité. Pourtant, un jour, vous ne serez plus entouré que d'objets que vous aurez invités à rester. Chaque chose trouvera naturellement sa place, non parce que vous aurez couru après la perfection, impossible à atteindre comme chacun sait, mais parce que, dans un espace dégagé, chaque objet retrouve sa noblesse. Si vous ne possédez qu'un seul tableau, vous trouverez sans peine le mur sur lequel il sera mis en valeur. Le simple processus de désencombrement est libérateur voire euphorisant, avant même que les effets soient visibles et mesurables. En ayant l'esprit plus clair, vous aurez alors du temps pour l'immatériel. Votre esprit sera libéré de ce que le matériel génère comme obligations et exigences en termes de rangement, d'organisation et d'entretien. Lorsque vous ne posséderez que l'essentiel, vous cesserez de vous dire « il faudrait que… si seulement j'avais moins de… ». Si plus rien ne vous heurte, vous vous sentirez plus tranquille, plus disponible. De fait, les choses importantes étant sous vos yeux, vous n'en oublierez plus aucune. Vous ne risquerez plus, par exemple, ni de vous faire suspendre de prêt à la bibliothèque parce que vous avez rendu les livres en retard, ni d'ouvrir en pyjama, l'œil hagard, à l'employé EDF venu relever le compteur… et qui vous avait pourtant envoyé un courrier quinze jours plus tôt pour vous informer de sa visite prochaine. Enfin, et c'est peut-être le plus appréciable, vous ne déprimerez plus en gardant des tas d'objets qui vous rappellent vos failles, vos incompétences ou des mauvais souvenirs : les confitures ratées, le cadre hideux offert par votre tante, le vélo d'appartement acheté sur un coup de tête, les lettres de gens que vous ne voyez plus et en règle générale tous ceux que vous gardez par culpabilité et non par plaisir.

L'expérience d'Alice

« Je me suis enfin désencombrée de vieilles lettres d'ex-petits amis qui m'avaient fait du mal… Je me demande bien pourquoi je gardais ça : des lettres pleines de rancœur, de reproches, de tentatives de culpabilisation… Je suppose que ça me faisait des souvenirs, en tout cas, ça prenait de la place ! J'ai tout mis au feu hier soir et ça fait un bien fou ! Adieu vieilles souffrances, souvenirs douloureux, je peux poser mes valises pleines de pensées pénibles et les laisser là… partir sans… je ne renie rien, je ne fuis pas non plus, je purge et je guéris. Je n'ai plus besoin de m'encombrer l'esprit et le cœur avec tout ça.

Ce qui est derrière moi est derrière moi… et le reste de ma vie est devant ! »

V

Comment le désencombrement peut-il bouleverser toutes les sphères de nos vies ?

Vous découvrirez rapidement, à votre grande surprise, qu'en pensant ne désencombrer que du matériel vous transformez en fait, de façon subtile, différents aspects de votre vie. En effet quand vous commencerez à vous interroger sur l'intérêt que vous portez aux objets et sur la valeur que vous leur accordez, vous finirez par remettre en question les choses immatérielles de votre vie. Vous demander « pourquoi ai-je tant de CD ? » amène en corollaire à cette autre question : « Mais depuis quand n'ai-je pas écouté le silence, le chant des oiseaux, ou le rire de mes enfants ? » Réfléchir à ce que telle ou telle possession nous apporte nous permet de trouver non pas des substituts mais la réponse à notre vrai besoin dans la nature et dans les relations humaines.

Repenser sa vie professionnelle

« Faites ce que vous aimez le plus. Faites-le souvent.
Et trouvez vite les moyens de vous faire payer pour le faire (...)
Si vous choisissez un travail que vous aimez, (...)
vous ne travaillerez plus jamais de votre vie.
ARRÊTEZ DE TRAVAILLER. »
Dominique Glocheux [16]

En quoi le désencombrement peut-il bien vous aider à faire évoluer votre vie professionnelle ? C'est simple. D'abord, le désencombrement vous permettra de gagner de l'argent en vendant vos possessions superflues. Cela paraît anodin mais, si vous avez accumulé pendant plusieurs années et décidez de désencombrer, vous pouvez gagner plusieurs milliers d'euros en revendant vos trésors. Vous pensez peut-être ne posséder que des broutilles, mais les petits ruisseaux font les grandes rivières.

Ce capital peut être le point de départ pour démarcher les banques et s'installer à son compte ou suffire pour prendre des congés sans solde et réfléchir par exemple à une nouvelle orientation professionnelle. D'autre part, votre comportement d'achat aura changé et, lorsque vous aurez accepté de ne plus être l'esclave des objets mais leur maître, vous ressentirez moins le besoin de dépenser votre argent dans le matériel. Vous pourrez réduire ainsi vos dépenses d'une manière si importante et si inattendue qu'avec les

---

[16] Glocheux Dominique, *La vie en rose mode d'emploi*, Albin Michel, Paris, 1997.

économies dégagées vous pourrez envisager de réduire votre temps de travail ou de changer de métier pour vous faire enfin plaisir, soit en créant votre société comme vous le rêvez depuis des années soit en acceptant enfin un métier qui vous plaît davantage que le vôtre mais qui vous rapporte moins d'argent.

L'expérience de Laurence

« Depuis que j'ai désencombré, j'ai gagné plus de 2 500 euros en revendant mes affaires sur Internet. Mais, le plus important, c'est que nous avons enfin réussi à réduire notre consommation sur tous les plans : eau, électricité, nourriture, vêtements, sorties, assurances… sans nous sentir privés. De fait, nous avons dégagé tellement d'économies chaque mois que mon mari travaille maintenant à temps partiel sans que l'argent ne nous manque et nous pouvons aussi embaucher régulièrement des artisans pour faire des travaux dans notre maison sans faire d'emprunts ou partir une fois par an à l'étranger, notre péché mignon. Avant, lorsque nous croulions sous les objets et les achats réguliers, nous pouvions à peine nous offrir une sortie au cinéma ! Mais aujourd'hui, avec nos salaires, nous nous offrons le plus beau des luxes : du temps à passer ensemble. »

Trouver du plaisir dans sa vie domestique

Cuisiner, s'astreindre aux corvées ménagères, jardiner mais aussi se laver, aller se coucher, se soigner… sont des activités que la simplicité volontaire peut rendre au pire moins désagréables, au mieux très stimulantes et nourrissantes car là encore votre désir de perfection anesthésie votre plaisir. Assumer la sphère domestique par le biais de la simplicité volontaire, c'est redonner du sens à votre vie, trouver la plénitude dans les gestes les plus simples avec l'idée que, lorsque vous frottez vos carreaux, que vous épluchez vos pommes de terre ou que vous faites une inhalation lors d'un rhume, vous êtes ancré dans l'instant, dans la réalité de la vie et que vous vous faites du bien. Comprendre que l'aspect domestique vous nourrit et fait partie du cycle naturel qu'acceptent toutes les tribus du monde – se nourrir, se soigner, se reposer – c'est un pas de plus vers la liberté et le sevrage de la consommation. Vous suffire à vous-même est le meilleur rempart au besoin de consommer.

Prêter attention aux petites choses, c'est aussi accepter de chercher tout ce qui va bien dans votre vie. Vous avez la chance d'avoir reçu une éducation, vous possédez suffisamment d'argent. Vous faites partie des 2 % de privilégiés de la planète qui vivent dans un pays en paix, qui mangent à leur faim, et qui ont un toit au-dessus de la tête. Il ne s'agit pas de vous faire la morale ! Mais il est si facile de s'apitoyer sur son sort. Vous avez le droit de le faire, vous avez le droit de vous rendre malheureux, mais l'attention aux petites choses vous fera aussi prendre conscience de la chance que vous avez. Il y a des gens sur cette planète qui n'ont comme luxe que le fait d'être en vie…

Porter un nouveau regard sur sa vie sociale

Cela vous paraît peut-être moins évident mais sachez que vous avez sûrement encombré votre vie sociale autant que votre maison. Car il en va des relations sociales comme des objets : plus on en a, plus on a le sentiment d'exister. Certains ont peu d'amis, d'autres font une différence bien nette entre les copains et les amis, certains sont amis avec tout le monde. Il y a les timides qui n'osent pas mais qui aimeraient bien, les solitaires qui ont peur de se faire envahir, les angoissés qui ont besoin que la maison ne désemplisse pas, les débordés qui ont toujours quelqu'un à voir, ceux qui ne savent pas dire non, ceux qui ne veulent pas laisser mourir les amitiés et qui les entretiennent comme on arrose les chrysanthèmes dans un cimetière, ceux pour qui l'amitié est vitale, ceux pour qui c'est une croix...

Quelle que soit votre vision de l'amitié, vous pouvez vous demander comment avoir un regard neuf sur votre vie sociale. Et, surtout, vous vous interrogez sur l'impossibilité de traiter les gens comme des objets que l'on peut mettre au rebut. Il ne s'agit pas de cela : bien sûr, on ne peut pas comparer les gens à des objets. Notre propos n'est pas de dire que vous devez devenir parfaitement égoïste et mépriser les autres. Nous vous invitons simplement à prendre conscience des copinages et amitiés qui vous pèsent et à vous en libérer. Vous pensez ne pas être concerné et ne nourrir que des relations essentielles ?

Vous arrive-t-il, malgré tout, de ne pas pouvoir dire non à une amie trop collante ? De refuser l'idée qu'une amitié est morte ? De ne pas oser brancher le répondeur quand vous n'avez pas envie de répondre ? De vouloir sauter la tradition des cartes de vœux ou des anniversaires sans culpabiliser ?

Vous arrive-t-il de vous plier au « petit coup de téléphone pour savoir si ça va » qui vous fait perdre une heure et demie de votre précieux temps, d'envoyer les cartes et les cadeaux d'anniversaire que vous achetez juste pour montrer que vous y avez pensé et que vous êtes digne de l'amitié qu'on vous porte, de sacrifier aux dîners le week-end quand vous seriez bien resté sous la couette, et de les rendre la semaine suivante, par courtoisie…

Désencombrer le carnet d'adresses et l'agenda est compliqué. Le sentiment de culpabilité se mélange aux regrets, à la nostalgie, ce que l'on ressent moins pour une théière ou une pile de vieux magazines. Car l'amitié fait appel à toutes nos valeurs judéo-chrétiennes : *« Tu aimeras ton prochain comme toi-même. »* Oui, dommage que, souvent, on finisse par se sentir obligé de l'aimer plus que soi.

Et elles sont nombreuses toutes ces petites amitiés/connaissances/relations dont les numéros de téléphone emplissent votre calepin !

Réfléchissez deux minutes et penchez-vous sur votre annuaire privé : combien de temps passez-vous avec des gens qui ne vous sont pas indispensables ? Quelle énergie dépensez-vous à répondre aux lettres, aux invitations à dîner, aux coups de téléphone, aux mails ?

Elaine Saint James dit à propos de l'E-mail que *« c'est encore un de ces trucs soi-disant pratiques dont on se passe fort bien. (…) c'est tellement pratique que ça a le don de nous compliquer la vie »*. En effet, ajoute-t-elle, nous passons beaucoup plus de temps auparavant à traiter notre courrier, d'une part parce que nous n'y répondons pas immédiatement (et qu'il faut donc y revenir) et d'autre part parce que l'E-mail ne fait *« qu'inciter ceux qui n'ont rien à dire à le dire à tout le monde »*. À méditer…

Effectivement, insistons sur le danger que représente la dépendance à Internet. Sous prétexte que la communication est « facile » aujourd'hui, vous bombardez vos amis et voisins de blagues ou de tests stupides que vous transférez à des dizaines d'exemplaires ! Feriez-vous la même chose si cela vous demandait de trouver d'abord les enveloppes, de coller des timbres, d'aller à la Poste ? Pas si sûr ! Peut-être n'êtes-vous pas obligé d'envoyer tous ces mails qui vous demandent forcément d'y consacrer du temps pour avoir l'impression de rester en contact avec vos amis. Prenez plutôt le temps, parfois, d'écrire une vraie lettre ou un vrai mail dans lequel vous donnerez de vos nouvelles et dans lequel vous vous livrerez, attendant aussi des nouvelles en retour. Finalement, tous ces écrans nous coupent des relations de proximité, l'homme n'est pas nécessairement fait pour communiquer avec l'autre bout du monde, mais pour créer un réseau autour de lui, et ce n'est pas parce que la technologie vous permet de vous adresser au monde entier que vous devez obligatoirement gérer votre vie de cette façon.

Tout ce temps dépensé à tort et à travers, c'est autant de temps que vous ne passez pas avec les gens qui comptent vraiment. Autant que vous ne passez pas avec vous-même. Dans ce monde qui tourne trop vite, rares sont les moments que l'on s'accorde pour être tout à soi. Attention, n'entendez pas : à s'occuper de soi, à faire du sport ou une activité. Non, être tout à soi. C'est-à-dire, ne rien faire qu'être dans la rencontre de vous-même, prendre rendez-vous avec vous comme vous le feriez avec un ami, prendre de vos propres nouvelles, vous écouter parler, pleurer et rire, vous réconforter, vous conseiller, vous emmener déjeuner à l'extérieur, vous raconter notre vie et vous féliciter de vous être revu.

Demandez-vous pourquoi vous ne laissez pas mourir certaines amitiés qui, foncièrement, vous coûtent plus qu'elles ne vous apportent. Demandez-vous pourquoi vous n'arrivez pas à refuser de rappeler cette copine, de passer le réveillon avec tel ou tel…

Quand vous aurez fait le tri, vous aurez plus de temps pour entretenir les amitiés qui vous nourrissent vraiment et vous apprendrez aussi à garder du temps pour vous…

Savourer sa vie familiale

Comme nous l'avons déjà dit, soigner ses possessions, s'occuper d'elles (les acheter, les ranger et les entretenir) c'est gaspiller un temps précieux que vos proches vous reprochent peut-être de ne pas leur accorder suffisamment. Quel enfant ne souhaiterait pas davantage de présence parentale, quelle femme, quel homme ne rêve pas de moments consacrés à rêver ou à parler avec son conjoint ? Mais vous êtes peut-être trop occupé à faire le ménage, à ranger ou à retrouver vos affaires et, les week-ends étant toujours trop courts, vous n'aurez une fois de plus pas pris le temps de faire cette partie de jeu de société ou cette promenade à vélo que vous promettez à vos enfants depuis des semaines.

Désencombrer permet de ne plus avoir grand-chose à ranger, ou à chercher. De sorte que les tâches ménagères se réduisent comme peau de chagrin et qu'il ne faut souvent que quelques demi-heures pour retrouver une maison propre et ordonnée de la cave au grenier. Vous retrouvez alors le plaisir de vivre en famille. D'abord parce que le stress qu'engendrent souvent les tâches ménagères est largement diminué. Ensuite parce que ce temps gagné, vous pourrez enfin vous l'offrir ou l'offrir à vos proches pour partager avec eux des moments de bonheur.

De même, à force de désencombrer et de constater le changement fondamental qui s'opère en vous, vous remarquerez que vos besoins en matière de consommation évolueront. Vous n'aurez plus autant envie de consommer. De fait, vous donnerez plus d'importance à l'immatériel, aux relations humaines et, lorsque vous aurez goûté ou redécouvert le plaisir d'une soirée en famille autour d'un jeu, d'une promenade avec votre conjoint, d'une partie de basket ou d'un fou rire avec vos enfants, vous comprendrez à quel point la société de consommation ne peut pas vous faire cadeau de ce bonheur-là, et qu'aucun objet ne peut compenser l'amour.

Vous libérer de la consommation permet de retrouver ceux qui comptent le plus pour vous : vos enfants, votre conjoint, vos amis… Chacun n'est alors plus isolé derrière ses « jeux » (vidéos, télévision, voiture, bricolage, shopping…) Vous revenez au partage et aux valeurs simples, qui sont durables, au contraire de l'objet qui est périssable. Vous pouvez inventer des traditions qui vous sont personnelles, et vous pouvez enfin prendre le temps de cuisiner, de bricoler, de ne rien faire.

Vous détacher de la dictature de l'objet, découvrir la simplicité volontaire, c'est aussi vouloir laisser vos enfants être des enfants et les regarder vous donner des leçons de vie en vous montrant comment ils se contentent d'un bâton trouvé sur le chemin d'une promenade, bâton magique qui devient tour à tour épée, canne, fusil, baguette magique, béquille de blessé, fouet de dompteur, baguette de chef d'orchestre… quand vous avez tellement « besoin » de tous vos gadgets.

Dans votre couple, la simplicité volontaire et le désencombrement vous permettront de vous laisser aller à nouveau à ces discussions interminables qui faisaient le sel de votre passion à l'aube de votre histoire d'amour. Rêver de repeindre la chambre, chercher des idées pour les prochaines vacances, analyser ensemble l'actualité, se séduire à nouveau, s'observer, s'écouter, s'entendre… Passer moins de temps accaparé par vos objets respectifs et plus de moments au creux des bras de votre amour. Réfléchissez un instant… Que demandez-vous régulièrement à votre conjoint ? De l'attention, de l'affection, de l'écoute, de l'empathie, de la compréhension ? Et elle/lui, qu'attend-elle/il de votre relation ? Croyez-vous vraiment que la solution soit dans l'achat d'une nouvelle télévision, de bijoux, de parfums, de vêtements, de téléphones portables, etc. ? Non, ce dont un être humain a besoin par-dessus tout, c'est d'être aimé de quelqu'un et de partager avec lui.

Pour aller plus loin dans votre connaissance de la simplicité volontaire

Quelques sites Internet, blogs, forums

CASSANDRE, *La simplicité volontaire*,
http://simplicitevolontaire.bbfr.net/

RQSV, *Réseau québécois pour la simplicité volontaire*,
www.simplicitevolontaire.org

LES AMIS DE LA TERRE,
www.amisdelaterre.be

Quelques livres

Burch Mark-A, *La voie de la simplicité. Pour soi et la planète*, Écosociété, 2005.

Boisvert Dominique, *L'ABC de la simplicité volontaire*, Écosociété, 2005.

Mongeau Serge, *La simplicité volontaire plus que jamais*, Ecosociété, 2005.

Montagutelli Malie, *La simplicité volontaire*, Chiron, 1986.

Pellé-Douël, *Voulez-vous changer de vie ?* Le Cherche Midi, 2005.

Pradervand Pierre et Longet Pierre, *Découvrir les vraies richesses*, Jouvence, 1998.

Pradervand Pierre, *La vie simple*, Jouvence, 1999.

René-Martin Hervé, *Éloge de la simplicité volontaire*, Flammarion, 2007.

Samson Guy, *Simplicité volontaire*, Québécor, 2007.

Seconde partie

Le désencombrement, un pas sur le chemin de la simplicité volontaire

Nous y voilà ! Maintenant que nous avons fait le tour des avantages du désencombrement, passons à la pratique.

Cette seconde partie est un guide qui vous accompagne concrètement dans le désencombrement de votre maison. Nous l'avons voulu le plus complet et le plus détaillé possible et nous pensons qu'il n'y a aucun intérêt à le lire d'une seule traite : ce n'est pas un roman, mais un outil de travail que vous pouvez garder sous la main. C'est pourquoi le lire page après page donnerait l'impression d'une liste indigeste et sans fin.

Dans le chapitre VII, le désencombrement de chaque pièce est détaillé sans suivre un ordre précis ou obligatoire, de sorte que vous puissiez vous référer directement à la partie que vous estimez la plus urgente.

Avant toute investigation nous vous conseillons cependant de lire « les méthodes de base du désencombrement ».

VI

Les méthodes de base du désencombrement

Regardez attentivement ce que vous possédez. Les objets qui vous entourent parlent de vous. Si cela vous semble évident pour les souvenirs de voyage, votre pull choisi avec soin ou les photos de vos enfants, vous n'avez pas pensé que quelqu'un pourrait vous définir en analysant votre épluchelégumes ou votre lampe de chevet. Et pourtant ! Les objets ne sont que le reflet de notre façon de consommer mais aussi de notre façon de prendre soin de vous. S'entourer de bagatelles, de débris, de provisoire moche qui dure, de « récup » inappropriée ou inutile, c'est exprimer matériellement une facette de votre personnalité. Collectionner les broutilles (bouts de ficelle, trombones tordus, restes de bougies…) vient peut-être répondre à votre peur du manque. Amasser les détails, garder tout en souvenir montre peut-être votre angoisse face au temps qui passe. En accumulant des objets qui vous raccrochent au passé, vous espérez ainsi éviter de laisser couler le temps qui vous emmène vers la mort. Peut-être avez-vous du mal à assumer de gagner de l'argent, car vous avez peur que les autres vous envient, vous jugent, vous prêtent des défauts que vous n'avez pas (orgueil, ostentation, etc.), vous préférez alors vous entourer d'objets hideux ou cassés qui masquent votre richesse. De même vous ne portez pas de beaux vêtements qui vous mettent en valeur, vous n'osez pas afficher de beaux objets de peur de paraître hautain et méprisant.

Cherchez ce que vos objets disent de vous. Prenez le temps de vous promener dans votre maison, d'observer, de sentir si cette maison vous fait ou non du bien. Balayez du regard votre pièce de vie, quels sont les objets dont vous subissez la vue chaque jour ? Quels sont ceux qui vous remplissent de joie et d'énergie ?

Plus vous désencombrerez et plus vous mettrez au clair vos idées et votre intérieur psychique. Idéalement il faudrait n'être entouré que de choses justement et lentement choisies, pour avoir l'impression d'être exactement vous-même, exactement à votre place dans le lieu le plus important pour vous : votre maison.

Conseils préliminaires

« You can't organize clutter, you can only get rid of it. »
« On ne peut pas organiser le bazar. On ne peut que le jeter. »
Site Flylady.net

Cette phrase pourrait être votre mantra durant toute la durée de votre désencombrement. En effet, son côté lapidaire résume parfaitement la situation. Du bazar reste du bazar, quelle que soit la façon dont il est rangé. Cela dit, il n'y aurait rien de plus précipité et donc dangereux que de sauter à pieds joints sur les premières difficultés sans s'être préparé mentalement. Le soufflé retomberait alors sûrement bien vite.

C'est pourquoi nous allons commencer par énoncer quelques principes de base que vous devrez toujours avoir à l'esprit lorsque vous rangerez, désencombrerez et organiserez. Il serait peut-être même judicieux **de garder ce livre ouvert à côté de vous lorsque vous déciderez de désencombrer**. Rappelez-vous : vous êtes physiquement seul devant la tâche à accomplir et la démotivation peut vite vous gagner. Ce livre peut donc se substituer à quelqu'un qui saurait vous redonner confiance et courage.

Allez-y doucement

« Peu importe si le début paraît petit. »
Henry David Thoreau

Ne vous lancez pas tout de suite dans l'ascension de l'Himalaya. En désencombrement comme en tout, l'entraînement, la persévérance et la régularité valent mieux que l'effort surhumain qui vous mènerait au « claquage ». Faites d'abord de petites zones : un tiroir, une tablette, un dessus de bureau puis vous attaquerez une armoire et, un jour, une pièce entière. Un voyage de mille lieues commence par un pas, souvenez-vous !

De la même façon, ne vous attaquez pas d'emblée aux objets sentimentaux. Évidemment, si tout objet qui a passé plus de trois mois dans votre maison devient un objet à forte valeur sentimentale ajoutée parce que c'est un souvenir, ça va être plus difficile. Dans ce cas, choisissez de désencombrer en premier les espaces neutres : placard à balais, vide-poches, bureau…

Faites votre désencombrement lorsque vous êtes au top de votre forme

Pas la peine de vous astreindre à ranger si vous êtes déprimé, fatigué, malade, cela sera inefficace et désagréable. Vous devez toujours avoir la sensation que vous vous faites du bien lorsque vous rangez ! C'est un soin, une caresse, une douceur, de l'amour que vous vous offrez. Vous soignez votre intérieur et votre Moi profond. Peu importe le moment de la journée, le jour de la semaine, mais soyez en forme.

Programmez du temps pour ranger et désencombrer votre maison

Que vous prévoyiez quinze minutes par jour pendant un mois ou trois week-ends d'affilée, le tout est d'être sûr de tenir le rythme. Il ne s'agit pas de se brûler les ailes. Soyez ambitieux et modeste à la fois. En trois week-ends vous aurez peut-être une maison parfaite, mais, si vous ne prenez pas l'habitude de faire un peu au fur et à mesure, elle ne le restera pas longtemps. Si tout cela vous semble au-dessus de vos forces, programmez le désencombrement pour seulement quinze minutes, ou même cinq si c'est encore trop. Mettez le minuteur en route et, lorsqu'il sonne, arrêtez. Ce sera toujours ça de fait !

Équipez-vous

Ayez à côté de vous :

- un sac-poubelle ;
- un sac jaune pour les papiers à recycler ;
- un carton sur lequel vous aurez préalablement écrit : À DONNER ;
- un carton sur lequel vous aurez préalablement écrit : À VENDRE ;
- un carton sur lequel vous aurez préalablement écrit : À RANGER.

J.A.

Débarrassez-vous du « moche » !

Les objets sont comme toute chose dans l'univers, ils sont chargés d'énergie. Les beaux objets vous donnent de l'énergie lorsque vous les regardez ou les touchez, les objets laids abaissent votre énergie. Si, lorsque vous regardez autour de vous, vous ne voyez que des objets affreux, sans intérêt, il n'est pas étonnant que vous soyez souvent fatigué. Apprenez donc à vous entourer de beaux objets, d'abord en éliminant ceux que vous trouvez inesthétiques, ensuite en achetant uniquement ce qui vous plaît – pas de provisoire pratique et moche qui va durer, pas de récup qui vous déplaise, pas de cadeaux de Tante Mélinda si vous les avez en horreur. Nous verrons comment faire plus tard. Ce point mérite une précision : lorsque nous disons « beaux objets », nous ne nous plaçons pas dans des critères esthétiques régis par les magazines de décoration, la mode ou le prix. Nous parlons d'objets que VOUS trouvez beaux. Une de nos amies tient de son père une expression que nous aimons beaucoup et que vous pouvez utiliser pour faire barrage aux critiques en matière de décoration : « À chacun son mauvais goût ! »

Sachez que l'esthétique peut être pratique

Une idée reçue et tenace veut que le côté pratique et le côté déco soient deux choses bien à part. Il y a les gens qui ont « des maisons de caractère » et des gens qui ont « des maisons fonctionnelles ». Beaucoup sont persuadés que ce qui est beau ne peut pas être utile et que les gens qui ont des maisons agréables à vivre doivent passer beaucoup de temps à s'embêter pour garder leur maison rangée et belle. C'est faux ! On peut trouver des accessoires beaux et pratiques. Pourquoi se forcer à garder ce range-couverts en plastique que vous détestez lorsque vous pourriez tout aussi bien ranger vos couverts dans un pot en terre décoré, un petit seau en zinc ou en émail, un vase de couleur ? Il suffit parfois de petites touches pour transformer un intérieur sans oublier l'aspect pratique. Par exemple, un minuscule plat à tajine qui prend la poussière sur un buffet peut devenir un rangement pour la menue monnaie qui traîne n'importe où. Pratique et décoratif, total bénéfice ! À vous d'être créatif, de faire avec les objets que vous possédez déjà et que vous aimez.

Passez les objets à la Question un par un

Cela paraît titanesque, mais c'est le seul moyen de désencombrer efficacement. Certains d'entre vous seront capables de jeter l'objet assez facilement. Pour d'autres, c'est une épreuve. Suivez alors scrupuleusement et sans vous mentir, le schéma suivant :

<table>
<tr><td colspan="4">Cet objet m'a-t-il servi dans les six derniers mois ?</td></tr>
<tr><td colspan="2">Oui</td><td colspan="2">Non</td></tr>
<tr><td colspan="2">Est-il beau ou indispensable ?
Me donne-t-il de l'énergie quand je le regarde ou que je l'utilise ?</td><td colspan="2">Est-il beau ou indispensable ?
Me donne-t-il de l'énergie quand je le regarde ou que je l'utilise ?</td></tr>
<tr><td>Oui</td><td>Non</td><td>Oui</td><td>Non</td></tr>
<tr><td>Gardez-le</td><td>Puis-je le remplacer par un autre objet qui a la même fonction, mais qui me donne plus d'énergie ?</td><td>Gardez-le</td><td>Jetez-le</td></tr>
<tr><td>Oui</td><td>Non</td><td colspan="2" rowspan="2"></td></tr>
<tr><td>Jetez-le</td><td>Gardez-le</td></tr>
</table>

Vous n'avez pas le droit de reposer un objet avant d'avoir pris une décision à son sujet.

Répétons : **vous n'avez pas le droit de reposer un objet avant d'avoir pris une décision à son sujet.** C'est très important. Car c'est comme cela que vous avez accumulé tout ce désordre, en ne prenant pas de décision sur les objets qui pénètrent dans votre habitation. Vous aurez certainement des dilemmes terribles, des cas de conscience douloureux et des problèmes pratiques du genre : où vais-je bien pouvoir mettre ce truc ? Dans ce cas-là, décidez simplement dans quelle pièce il doit aller. Au fur et à mesure que vous avancerez dans votre désencombrement, de l'espace se libérera et les objets sans domicile fixe trouveront à se reloger.

Préférez faire votre désencombrement le jour de dépôt des œuvres caritatives

Si vous faites un rangement frénétique et encartonnez des tonnes d'objets le jour où les œuvres caritatives ont portes closes, vous risquez d'entasser ces cartons dans l'entrée en pensant les emmener le lendemain. Bien sûr, le lendemain, vous n'aurez plus la même énergie (fatigué par le rangement de la veille) ou bien des imprévus viendront se greffer dans votre emploi du temps et les cartons traîneront dans l'entrée pendant plusieurs semaines. Désagréable à souhait. Surfez sur la vague de votre énergie. Il n'y a rien de plus profitable que de finir sa journée de tri par une virée à Emmaüs. On a vraiment l'impression d'avoir mené une action jusqu'au bout et d'être nettoyé. Mieux vaut jeter une seule boite à chaussures et l'emmener tout de suite que de suivre l'exemple ci-dessus.

Si vous habitez en campagne, si c'est trop compliqué de vous déplacer pour une seule boîte, si vous travaillez toute la journée ou si vous préférez faire une virée pour un semi-remorque, trouvez un endroit, de préférence hors de votre maison/appartement, où vous pourrez stocker le bazar : une cave, un grenier, un garage, une dépendance, un atelier, un balcon, une terrasse, un cagibi, le placard du chauffe-eau, le palier si les voisins sont d'accord, au pire le garage d'une bonne copine ou de vos parents. Mais attention : sachez qu'il vous faudra retrouver l'énergie nécessaire pour emmener tout votre amas un jour ! Et quel jour ?

Félicitez-vous !

Peu importe le temps que vous avez consacré au désencombrement, peu importe le nombre de sacs ou cartons que vous avez remplis, soyez fier de vous. Désencombrer une maison est un travail de longue haleine qui demande parfois plusieurs années (selon la taille de la maison et du bazar accumulé), mais ce qui est sûr, c'est que tous les objets sortis de chez vous n'y entreront plus ! Donc, même si vous avez parfois l'impression de ne pas avancer, vous ne pouvez, en fait, que progresser et aller vers des jours meilleurs ! C'est ce qui est très positif et rassurant ! Au début, vous aurez peut-être des scrupules à jeter… heureusement, vous aurez besoin d'un certain nombre de sessions de désencombrement et les objets qui auront échappé à la première session ne passeront pas la troisième ou la dixième.

N'oubliez pas d'être indulgent avec vous-même. Vous avez mis plusieurs années à accumuler ce bazar, n'espérez pas vous en débarrasser en un week-end.

Pour désencombrer, faites-vous aider

Il est possible que chaque objet que vous possédez rentre dans l'une ou l'autre des catégories suivantes : « peut servir » ou « haute valeur sentimentale ». Cela va des vieux élastiques – on a toujours besoin d'un élastique à portée de main – aux tickets de spectacles – ça fait des souvenirs – des verres dépareillés aux cartes postales toutes jaunies, dont on ne se souvient parfois même plus des auteurs…

Dans ce cas, désencombrer n'est pas une mince affaire et se faire aider permet d'aller plus vite. Les autres ont en effet un regard beaucoup plus neuf sur notre bazar, même s'il n'est pas forcément plus objectif. Ils peuvent ainsi vous permettre de réaliser que tel objet encombre votre espace vital alors que vous ne voyiez même plus qu'il était là, tant vous vous êtes accoutumé à vivre avec.

L'avantage de désencombrer avec quelqu'un, c'est que, lorsque la date est fixée, vous ne pouvez plus procrastiner, même si vous faites durer l'heure du thé. Cela permet aussi de passer un moment agréable avec quelqu'un qu'on aime.

De plus, c'est une façon amusante d'apprendre à mieux connaître l'autre car notre capharnaüm parle pour nous ! Et les fous rires sont garantis quand on tombe nez à nez avec une vieillerie qu'on conservait par habitude et que le regard désolé de notre ami nous fait soudain prendre conscience de la laideur de l'objet en question ! On se demande alors comment on a pu conserver ce bibelot sur le manteau de la cheminée pendant tant d'années.

Choisissez bien votre coach !

Il y a plusieurs personnalités et donc plusieurs types d'aide. Il y a les amis qui vous laissent vous débattre dans vos dilemmes : « je fais quoi avec ça ? » « Ben, ce que tu veux ! » et ceux, plus directifs, qui vous intiment à tout-va : « ça, tu jettes, ça, tu peux éventuellement le garder, et, euh, tu comptes vraiment porter ce truc un jour ? » Il y a ceux qui savent intuitivement comment on pourrait réarranger une pièce juste en déplaçant un meuble, en rajoutant un cadre, et ceux qui ont la patience de supporter vos jérémiades : « tu comprends c'est ma petite sœur qui m'a donné ce lapin en pâte à sel pour mes huit ans, je ne peux pas le jeter ! » Il y a les partisans du ménage par le vide, et ceux qui veulent bien récupérer une partie de votre bazar, ce qui peut être rassurant pour les plus sentimentaux d'entre vous : en cas de remords, vous pourrez toujours en récupérer une partie chez le copain ! L'idéal est de trouver un ami également bordélique et avec qui vous organiserez des séances de tri alternativement chez lui et chez vous.

À vous de voir ce que vous attendez comme aide. Avoir un ami avec soi qui ne juge pas, qui ne se moque pas de vos vieilleries, encourage à se lancer dans des travaux difficiles… et permet de continuer. Si vous habitez loin de la personne la plus à même de vous aider, n'hésitez pas à l'appeler souvent pour l'informer de votre désencombrement, lui demander du soutien moral, des félicitations… Et surtout, fuyez tous ceux qui pourraient avoir des remarques blessantes à ce propos. Ce n'est jamais le moment de se faire insulter, mais là encore moins. Vous avez besoin de toute votre énergie et de toute votre confiance en vous !

C'est pourquoi vous pouvez aussi vous tourner vers des professionnels, qui vous aideront à faire du tri dans votre maison sans état d'âme…

L'aide peut aussi être virtuelle. Nous avons déjà rapidement évoqué le site *Flylady* sur lequel on retrouve les conseils de base pour désencombrer ainsi que des conseils pour s'attaquer au nettoyage et au rangement de sa maison. Par exemple, *Flylady* insiste sur le fait qu'il faut absolument commencer par avoir un évier propre tous les jours ainsi que des chaussures aux pieds avant d'entreprendre quoi que ce soit. Tout cela peut sembler un peu étrange, mais ça marche. On peut par ailleurs adhérer (l'adhésion est gratuite) afin de recevoir des mails quotidiens. Ceux-ci rappellent la nécessité de ranger et de désencombrer. Les adhérents témoignent aussi de leurs progrès, ce qui se révèle particulièrement encourageant et motivant. Malheureusement, ce site est réservé aux anglophones et ne connaît pas de réel équivalent en France.

Sophie Legault,
organisatrice résidentielle au Québec

« En provenance des États-Unis, le métier d'organisatrice professionnelle est né en 1990 au Québec. C'est en entendant à la radio de l'information sur le métier que j'ai eu envie de m'y mettre.

Après avoir désencombré moi-même ma vie et ma maison, ayant toujours aimé classer, étant déjà une femme d'affaires, je n'ai fait ni une ni deux. J'ai rédigé mon plan d'affaires et hop !

J'exerce ce travail depuis 2003. Au début je ne faisais que du résidentiel (je suis d'ailleurs à l'origine du titre « organisatrice résidentielle » ; au Québec, celles qui pratiquent ce travail se qualifient d'organisatrices professionnelles).

Me rendant chez la cliente, nous remplissions un questionnaire et, par la suite, je l'accompagnais dans un processus de dynamitage (l'expression fait référence à mon livre) : le dynamitage c'est l'action de se désencombrer.

Une fois le dynamitage terminé, les gens retrouvent l'espace pour ranger, créer, manger et parfois même pour dormir.

Les gens entretiennent des relations très étroites avec les objets pour de multiples raisons. Durant mes deux premières années de travail, j'analysais le comportement humain. J'ai été complètement fascinée par ce que je voyais. Pleurs, tristesse, frustration, colère sont les sentiments qui habitaient mes clientes avant et pendant le processus.

Après, elles étaient légères, libérées, changées totalement (90 % de ma clientèle est féminine).

Maintenant, je me concentre sur les relations publiques, des conférences, des ateliers et j'organise aussi des centres de la petite enfance (comme vous appelez, les crèches).

Écrire un livre est devenu une évidence pour aider les gens à s'observer dans leur rapport avec les objets. *Vaincre le désordre, le comprendre pour l'éliminer* est né en avril 2007 chez Publistar, Québécor.

En ce moment, la planète agonise. Pour moi, le désencombrement, l'organisation résidentielle est à la base d'un ralentissement de consommation. Lorsque nous sommes désencombrés, organisés, nous ne possédons alors que l'essentiel, nous sommes moins fragiles aux achats compulsifs, et la logique est là... moins il y aura de demande, moins les compagnies pourront produire d'offre. »[17]

[17] www.sophielegault.typepad.com

Combien est assez ?

> « *Trop est pire que peu.* »
> Proverbe japonais

Voici un exercice bien difficile. Il consiste à décider pour chaque sorte d'objet, combien est « assez ». Par exemple : quel est le nombre de casseroles que vous jugez suffisant ? Pensez à votre garde-robe. Avez-vous besoin de vingt pantalons ? Peut-être pas… Probablement pas ! De combien de verres pourriez-vous vous contenter ? Et si vous pouviez acheter tous les livres que vous vouliez, quand vous arrêteriez-vous ? Il faudrait bien s'arrêter un jour, non ?

Cette réflexion sur le « assez » est délicate parce que vous avez plus ou moins été élevé dans l'idée qu'avoir plus nous rend plus heureux. L'objectif de beaucoup d'entre nous, jusqu'à ce que nous en prenions conscience, est d'avoir, dès que possible, une voiture *plus* belle, une maison *plus* grande, *plus* d'habits, des bijoux *plus* chers, etc.

Depuis l'enfance, nous pensons que quand nous serons *plus* grands, *plus* riches, la vie sera *plus* belle. Mais « plus », reste toujours abstrait… et sans fin. Si on a une note un peu meilleure, on peut toujours l'améliorer. Il y aura toujours quelqu'un dans votre rue qui aura une voiture plus coûteuse que la vôtre. C'est pour cela que rester dans l'idée du « plus c'est mieux » ne peut que vous rendre malheureux en vous empêchant de profiter de ce que vous avez déjà. Alors que définir combien est « assez » vous permet soit de vous rendre compte que vous avez déjà assez (de chaussures, de casseroles, de pièces dans la maison…) soit de savoir qu'il vous sera possible d'avoir assez un jour dans tel ou tel domaine. Pourquoi acheter un tee-shirt de plus, même s'il est très joli, si vous en avez déjà assez ? Et cette crème de jour ? Vous en avez déjà cinq mais vous n'en mettez qu'une à la fois sur votre visage, non ? Et ce joli papier à lettres ? Quand avez-vous écrit une lettre pour la dernière fois ?

Discuter avec d'autres sur « combien est assez » dans tel ou tel domaine peut vous aider à vous débarrasser de certaines idées préconçues, tellement bien ancrées qu'il ne vous serait pas venu à l'idée de les remettre en question. Mais attention, ce qui est assez pour votre voisine peut être soit *trop* soit *trop peu* pour vous : il n'est pas question de faire comme les autres, juste de partager des idées, de s'encourager pour, petit à petit, ne plus être esclave de la consommation et des grandes enseignes qui s'évertuent à vous convaincre, elles aussi, que vous avez besoin de plus.

Après, si vous ne savez pas comment faire, prenez un endroit de votre maison au hasard, ouvrez un tiroir, un placard, et faites l'inventaire. Par exemple dans la salle de bains, comptez les gants de toilette, les draps de bain, les brosses à cheveux… Dans la penderie, comptez les robes, les pantalons, les chaussures, etc. Une fois que vous avez compté, demandez-vous si vous avez assez. Sinon, demandez-vous pourquoi. Par exemple, vous avez huit pantalons mais rien à vous mettre. Peut-être y en a-t-il six sur le lot que vous ne mettez plus ? Dans ce cas-là, que font-ils encore dans votre penderie ? Si votre famille compte trois personnes et que vous possédez douze gants de toilette, c'est peut-être suffisant ? Etc.

Si tout cela vous paraît encore trop abstrait, ne vous inquiétez pas, nous allons vous accompagner pièce par pièce dans votre intérieur !

Des habitudes à garder pour désencombrer régulièrement

Être à l'affût de tout ce qui pénètre malgré vous dans votre maison est la première règle de survie. Pensez particulièrement au courrier, qui amène chaque jour son lot de paperasse encombrante, aux périodes critiques comme les anniversaires, les fêtes, aux amis qui vous proposent un lot d'habits dont ils se débarrassent. N'hésitez pas à prendre des mesures radicales face aux envahisseurs… N'oubliez pas, c'est votre espace !

Ensuite, prévoyez, à périodes régulières, de vous remettre à l'ouvrage. Pour certains, ce sera quinze minutes par semaine, pour d'autres plutôt une heure par mois. Vous pourrez vouloir faire du tri à chaque changement de saison, ou uniquement un grand ménage par le vide une fois par an.

Quoi qu'il en soit, n'espérez pas que, parce que vous avez fait un grand désencombrement, vous êtes tranquille pour toujours. Non, vous viderez par la porte, et ça rentrera par la fenêtre. Mais c'est le premier pas qui coûte. Une fois que vous aurez goûté au ménage par le vide, il vous sera beaucoup plus facile de vous y remettre. De même, c'est plus facile d'entretenir un espace propre que de le nettoyer.

Une autre raison pour laquelle vous éprouverez sûrement le besoin de désencombrer à intervalles réguliers est que vous allez petit à petit changer votre regard sur les objets. Tel appareil de cuisson dont vous n'imaginiez pas pouvoir vous débarrasser il y a quelques mois va peut-être vous sembler d'une parfaite inutilité six mois plus tard, tel souvenir « *injetable* » devenir soudain encombrant ou, en tout cas, avoir perdu tout intérêt à vos yeux.

Surveillez aussi avec soin les endroits où les piles ont tendance à s'amonceler. Cette table basse qui accueille tous les objets sans domicile fixe par exemple, ou le meuble de l'entrée sur lequel vous posez tous les objets dont vous n'avez pas encore fixé le sort (poubelle ou pas poubelle)… C'est là que vous aurez facilement matière à désencombrer.

Repérez, lors de votre désencombrement initial, soit les zones qui vous posent problème (on peut penser que vous garderez plutôt trop que pas assez, du coup, un second passage sera nécessaire), soit les types d'objets que vous savez n'avoir pas réussi à traiter (les cartons avec vos cahiers d'écoliers, les jouets des enfants, etc.), soit les endroits que vous avez survolés… pour y revenir plus tard.

Si vous utilisez un calendrier ou un agenda, il peut être bon de noter, à dates fixes, les moments où vous pensez devoir à nouveau désencombrer. On retombe si naturellement dans ses habitudes… Au bout de quelque temps, vous n'aurez plus besoin de l'écrire, cela viendra naturellement. Si vous ne consultez jamais ni calendrier ni agenda ou que vous n'osez pas écrire « désencombrement » dessus, alors laissez traîner ce livre, qui sera comme une piqûre de rappel, chaque fois que vous le verrez.

Ne désencombrez pas vos outils de travail, vos boîtes intitulées « à garder », « à trier », « à jeter ». Au contraire, gardez-les à portée de main, comme un rappel possible et une invitation à continuer, reprendre votre désencombrement. De la même façon, vous pouvez vouloir disposer d'un carton dans lequel déposer tous les objets à donner, ce qui vous permettra de le remplir au fur et à mesure que vous tomberez sur quelque chose à y mettre. Bien sûr, il vous faudra être vigilant et ne pas laisser le carton déborder et encombrer le passage. De même, méfiez-vous, il est si facile de mettre dans ce fameux carton des trucs informes dont on ne parvient pas à se passer mais qu'on ne peut décemment pas donner et qui donc restent là, à prendre la poussière… Si c'est à donner, donnez-le !

VII

Votre maison pièce par pièce

L'entrée

Commencer par désencombrer l'entrée est une évidence parce que c'est la première pièce que vous voyez lorsque vous rentrez chez vous et la dernière lorsque vous quittez votre maison. C'est donc une pièce qui, par essence, doit vous donner toute l'énergie dont vous avez besoin. En Feng Shui, on appelle l'entrée « la bouche », celle par qui l'énergie extérieure rentre.

Il est important que l'entrée soit un espace le plus possible dégagé, l'idéal serait qu'il n'y ait pratiquement rien dans une entrée.

Si votre entrée n'existe pas ou si vous rentrez par une autre pièce (cuisine, salon, séjour...), il est bon de reproduire de façon fictive un espace entrée. Cela peut être une console appliquée contre un mur et qui fera office de meuble d'entrée, cela peut être une séparation par un rideau, un radiateur cloisonné, un paravent, un meuble posé en travers de la pièce, des plantes vertes, une bibliothèque... Si vraiment vous ne pouvez pas reproduire une entrée fictive, choisissez un coin de mur qui sera réservé aux choses de l'entrée.

Comment ranger et aménager le coin entrée ?

Commencez par mettre dans le carton À RANGER tout ce qui ne doit pas être dans votre entrée : des paperasses éparses, du linge sale, des sacs-poubelle, du bazar, des jouets, des barrettes, des prospectus, des cages à oiseaux, des produits de maquillage, des livres… Ne vous occupez pas de ce carton pour l'instant. Il s'agit de vider l'espace entrée et de l'aménager tout propre !

La boîte à clefs

Faites le ménage dans vos clefs et ne gardez sur votre trousseau que les clefs indispensables : celles dont vous vous servez vraiment ! Inutile de garder sur votre trousseau la clef du garage si vous rentrez tout le temps par la porte, inutile de garder la clé de la boîte aux lettres si c'est votre mari qui relève le courrier ! Pensez aussi à jeter les clefs qui ne vous servent plus : le double des clefs de la voiture vendue il y a un an ou du portail changé il y a six mois ou de la résidence secondaire de votre mère où vous ne mettez jamais les pieds à l'improviste…

Un vide-poches

Ah le piège du vide-poches ! Regardez la taille d'une poche. Maintenant regardez tout ce que contient votre vide-poches… Trouvez un vide-poches de 20 cm^2 maximum et mettez-y votre menue monnaie et votre téléphone portable. Point barre. Si vous êtes du genre à enlever votre montre, ou vos boucles d'oreilles dès que vous avez franchi la porte, mettez votre boîte à bijoux sur la console de l'entrée, vous pourrez chaque matin mettre vos bijoux juste avant de partir et le soir les ranger à leur place plutôt que les laisser traîner trois jours dans le vide-poches. De même, si vous défaites votre cravate en entrant, prévoyez un porte-cravates dans votre entrée.

Un portemanteau

Profitez-en pour faire le tri dans votre placard à vêtements rayon manteaux (et juste celui-là pour l'instant). Soyez objectif et réaliste : ne gardez que les manteaux que vous portez, débarrassez-vous des manteaux défraîchis, élimés, déformés. Laissez tomber l'idée que vous le garderez pour aller aux champignons (vous n'y allez jamais) ou que vous le raccommoderez (si vous en avez l'intention, vous avez 24 heures pour le faire ou l'emmener chez la couturière, passé ce délai, donnez-le). Il y a trop de vêtements que vous n'osez pas jeter parce qu'ils répondent aux caprices de la mode. En réalité, nous doutons que vous assortissiez chaque jour un nouveau manteau à votre tailleur ou à votre costume.

Un meuble à chaussures

Faites le tri dans les produits pour les chaussures. Vérifiez la date de péremption et leur utilité réelle (cette bombe spécial daim alors que vous n'avez que des chaussures en cuir…). Faites le tri dans vos chaussures, même si c'est difficile ! Mais non, vos pieds, mesdames, ne s'habitueront jamais à ces petits escarpins si craquants qui vous donnent des ampoules à chaque fois ! Jetez les chaussures décollées, élimées… et ne les gardez toujours pas pour aller aux champignons !

Une boîte à courrier

Trouvez un joli panier ou une jolie boîte dans laquelle vous pourrez poser le courrier en arrivant. Dès que vous prenez le temps d'ouvrir votre courrier, classez-le IMMÉDIATEMENT : les pubs et les enveloppes au recyclage, les papiers à garder dans le bureau. Sinon, votre boîte à courrier va vite ressembler à ces petites tables chez les médecins où s'empilent des tonnes de magazines fatigués !

Si vous ajoutez le téléphone, assurez-vous de placer à côté les annuaires téléphoniques, un bloc et des crayons qui fonctionnent ! Et si on en profitait pour faire le tri dans les crayons ?

Maintenant, récupérez le carton dans lequel vous avez entreposé ce qui n'avait rien à faire dans l'entrée et répartissez dans les différentes pièces les éléments qui doivent s'y trouver : le maquillage dans la salle de bains, les jouets dans l'espace des enfants, la scie sauteuse au garage… Ne rangez pas ces choses-là maintenant, on gérera ça plus tard, il s'agit juste de vider votre carton pour ne pas vous retrouver avec ce fouillis qui viendrait réinvestir l'entrée.

La cuisine

Munissez-vous d'un grand sac-poubelle et plongez dans votre placard à nourriture. Sortez TOUT ce qu'il contient. Vous verrez sans peine que vous conservez depuis de trop nombreuses années :

- des épices qui n'ont plus de parfum ;
- des boîtes de conserve périmées ou autres « préparations pour pizza », « crème anglaise en poudre », « sauce machin » que vous avez achetées dans l'urgence pour en utiliser 5 ml ou 10 g
- des boîtes vides, des emballages plastiques, des bouts d'aluminium ;
- des confitures offertes par votre belle-mère alors que vous avez horreur de la confiture ;
- du thé qui n'a plus de saveur ou que vous ne boirez jamais parce que vous n'aimez pas le parfum ;

- vérifiez que les paquets ouverts n'ont pas été attaqués par des visiteurs indésirables (insectes ou asticots.) ;
- etc.

Après avoir jeté les choses périmées et avoir recyclé les contenants qui peuvent l'être, ouvrez un autre placard : celui de la vaisselle. En règle générale, nous possédons beaucoup plus que ce dont nous nous servons au quotidien.

Un bon exercice consisterait à noter le temps d'une semaine tous les objets que vous utilisez dans votre cuisine, vous seriez surpris de constater que vous utilisez toujours la même chose.

Débarrassez-vous sans scrupule :

- de tout ce qui est ébréché, très mauvais pour l'énergie et souvent désagréable à l'œil ! Rappelez-vous : l'idée est de vivre avec peu mais seulement avec des choses qui nous font du bien au moral !
- des assiettes/verres/couverts que vous gardez parce que c'est pratique, mais que vous trouvez tout simplement affreux ;
- de vos saladiers/plats les plus laids : n'ayez pas peur de ne garder que ce qui vous sert au quotidien. En général trois saladiers suffisent ainsi que deux plats de service (un pour la viande, un pour l'accompagnement). Si vous craignez de manquer de plats lors d'une réception, il sera toujours temps ce jour-là d'en emprunter à une voisine ou à une amie !
- de moules à gâteaux : avez-vous vraiment besoin de dix moules différents ? Un moule à manqué dans lequel vous pourrez également faire la charlotte, un moule à tarte, un moule à cake semblent être la batterie de base pour faire la plupart

des gâteaux. Si vous cuisinez souvent, vous pouvez peut-être garder votre moule à madeleines… Soyez honnêtes avec vous-même et réfléchissez à la façon dont vous cuisinez ;

- d'ustensiles : avez-vous vraiment besoin de trois paires de ciseaux ? d'un épluche-ail ? d'un écrase-oignon ? d'une râpe à gruyère ? d'un équeuteur de haricots ? de trois tire-bouchons ? de pailles ? de piques à brochettes ? d'un couteau à huître, etc. ? Le nombre d'ustensiles complètement crétins que nous accumulons est en général assez catastrophique. En plus, si vous avez un robot ménager, ces ustensiles font probablement double emploi !
- de boîtes en plastique ! Ah le bonheur de la boîte plastique dont on ne trouve jamais le couvercle (ou l'inverse), de ces barquettes de toutes sortes qu'on a gardées pour ranger soigneusement nos denrées dans le réfrigérateur mais dont on ne trouve jamais la bonne taille, de sorte qu'on y range carrément la casserole ! Pitié, faites le tri !
- dans la batterie de cuisine : la poêle spécial poisson, la poêle à blinis et autres « trucs hyperpratiques une fois par an » peuvent sortir de chez vous. Réfléchissez à la nécessité d'avoir une cocotte-minute + un faitout + un wok + une grande marmite + des casseroles + des poêles. Qu'est-ce qui est en trop là-dedans ?
- d'appareils électriques : ils sont souvent bien trop nombreux dans la cuisine ! Faites la chasse aux appareils qui semblent vous faciliter la vie, mais qui vous encombrent, sans compter que certains sont très gourmands en électricité. C'est ainsi que pouvez vous débarrasser de la cafetière, renoncer à la bouilloire électrique et préférer faire chauffer de l'eau dans une casserole pour ensuite remplir en un seul tour cafetière manuelle et théière ! Plus pratique, plus esthétique, plus économique.

Faites la chasse aux appareils dont vous ne vous servez que rarement ou qui font double emploi avec d'autres ustensiles !

- des torchons troués, effilochés, tachés qu'on n'ose jamais sortir. Ils feront d'excellents chiffons à ménage. Idem pour les serviettes et les nappes ;
- des livres de cuisine achetés pour leurs belles photos mais dont les recettes sont irréalisables, inversement ceux dont vous avez fait toutes les recettes et que vous ne pouvez plus voir en peinture, ceux que vous achetez lors de votre phase tout cru/tout vapeur/régime sans sel/tapas/végétarien et que vous avez oubliés une fois l'euphorie passée ;
- des fiches recettes découpées dans les magazines : soyez réaliste, honnête avec vous-même et débarrassez-vous des recettes trop chères pour vous, trop compliquées, trop longues à réaliser, trop farfelues, trop… ;
- des produits ménagers qui font double usage. Bien souvent on les multiplie alors qu'un seul bon produit de base peut servir aussi bien pour les sols que pour les plaques de cuisson, les sanitaires et même les vitres ! Soyez curieux des recettes de grand-mère qui proposent, à partir de quelques produits extrêmement basiques et bon marché, de nettoyer la maison de fond en comble. De même, achetez plutôt un excellent outil de ménage plutôt que de collectionner les raclettes à vitre, balais-brosses, balayettes, serpillières, seaux en tout genre, etc.

Le salon/la salle à manger

Appelons « salon/séjour » toute pièce qui sert à l'ensemble de la famille pour discuter, recevoir, dîner, regarder la télévision, écouter de la musique, jouer, lire, cocooner, bref, ce que l'on nomme plus communément « pièce de vie ».

Ce lieu, par essence, se doit d'être le plus agréable possible car il doit convenir à toutes les humeurs et aux besoins des différents membres de la famille. C'est une pièce dans laquelle on accepte un tant soit peu de désordre et de désorganisation qui donnent alors l'image d'une maison qui vit. Mais attention, entre un peu de bazar chaleureux qui montre le tumulte familial et l'encombrement étouffant qui sclérose les envies et les libertés de chacun, il n'y a qu'un pas.

Abstenez-vous de transformer ce carrefour joyeux en fatras insondable dans lequel plus personne ne souhaite s'attarder. Tâche ardue, semble-t-il, puisque dans cette pièce cohabitent souvent plusieurs espaces : un coin salon, un coin bureau, un coin salle à manger, un coin jeux pour les plus petits, un coin bibliothèque, un coin repos, un coin repassage, bricolage ou couture... L'important est donc de limiter l'encombrement dans chacun de ces espaces pour avoir une impression globale d'harmonie. Peu importe la configuration de votre pièce de vie, vous traiterez chaque zone individuellement, ce qui correspondra chez certains à une pièce entière (dans ce cas reportez-vous au chapitre concerné) et chez d'autres à un secteur de cette pièce.

Coin salon

C'est l'endroit où l'on trouve en général les sofas et fauteuils, ainsi qu'une table basse et la télévision. Commencez par le plus simple et éliminez :

- les magazines fatigués qui traînent sur ou sous la table de salon. Non, vous n'aurez jamais le temps d'archiver tous ces articles passionnants ni de faire le quart des recettes de cuisine. Mettez-les dans le carton À DONNER et proposez-les au cabinet médical du quartier, toujours preneur ;
- les bibelots poussiéreux et inutiles mourant sur les étagères alentour. Le salon est sans aucun doute la pièce où l'on entasse le plus de souvenirs et d'objets censés parler de nous. Débarrassez-vous sans scrupule des bibelots trop compliqués à dépoussiérer, des cadeaux offerts en dépit de vos goûts et des bricoles bon marché que vous avez achetées sur un coup de tête. Vider les étagères permet de retrouver toute l'ampleur de l'espace et d'apprécier la sérénité qui se dégage alors ;
- les différentes télécommandes que vous remplacerez par une télécommande universelle ;
- les trop nombreux coussins informes, tachés ou dont la mousse s'est agglutinée façon grumeaux et qui envahissent le canapé ;
- les plaids miteux et déformés que vous avez honte de sortir ;
- les napperons, vide-poches, bouquets de fleurs séchés et autres bougies parfumées que vous n'allumez jamais.

Quand vous aurez éliminé les choses simples, demandez-vous si vous ne pouvez pas carrément vous passer de certains meubles : les chiffonniers, consoles, bout de canapé, tables gigognes qui viennent souvent dévorer l'espace et se couvrir de poussière.

Réfléchissez aussi à la façon dont vous vivez dans cette pièce : observez pendant quelques jours le comportement de vos proches. Si personne ne s'assoit jamais dans ce fauteuil parce que tout le monde le trouve inconfortable, pourquoi ne pas s'en débarrasser ?

Si vous êtes sans cesse obligé de repasser après vos enfants et votre conjoint pour redresser ce jeté de canapé que chacun ignore, pourquoi ne pas l'enlever ? À l'inverse, si vos enfants s'assoient toujours à la table basse pour dessiner, pourquoi ne pas laisser les crayons de couleur et les feuilles à demeure plutôt que d'aller continuellement les chercher dans le bureau ? Si vous jouez en famille aux jeux de société, est-il bien utile de les ranger dans la chambre des enfants alors même qu'ils pourraient trouver une place dans un meuble du salon ?

Bref, faites l'inventaire de vos petites manies et habitudes puis jetez, donnez, organisez en conséquence !

Coin salle à manger

A priori, ce coin-là est destiné aux repas. Mais faut-il pour autant y trouver un service de vaisselle digne d'un château ? Allez au plus simple et contentez-vous d'un seul service de réception dont vous adapterez le nombre de couverts à vos habitudes et à la taille de votre famille. Laissez tomber les porte-couteaux, service à poisson, service à salade, service à fromage, salières et poivrières, plats longs, plats ovales, plats ronds, saucières, poubelles de table, rince-doigts individuels, ronds de serviette en argent, carafe à vin, sous-verres, porte-toasts, beurriers individuels et toutes ces fourchettes ou couteaux dont les invités ne connaissent souvent même pas l'usage. Allégez aussi votre ménagère de certains couverts de service et de toute la batterie d'objets dont on ne se sert qu'une fois par an (pinces à escargots, à crabe, à bigorneaux…)

Débarrassez-vous des verres trop fragiles ou trop compliqués à laver et restez simple : pas besoin d'avoir un service de verres par type d'alcool ! Il est loin le temps où la bonne ménagère collectionnait les verres à liqueur, à whisky, à vin rouge, à vin blanc, à vin cuit… Aujourd'hui, même dans les restaurants, on se joue des verres dépareillés ! Un verre à eau peut également être un verre à apéritif !

Faites le tri dans vos nappes et vos serviettes de table et préférez toujours une nappe de très bonne qualité, facile à nettoyer et indémodable (blanche ou ficelle) plutôt qu'une pile de nappes à la mode qui ne le seront plus d'ici quelques mois mais que vous garderez sans vous en servir !

Gardez à l'idée que vos invités viennent pour le plaisir de partager avec vous un bon moment, pas pour que vous les épatiez avec un dîner façon Versailles ! Une table dressée simplement, sans vaisselle ou bibelots superflus, mais agrémentée de fleurs, de galets ou de jolies serviettes est bien plus engageante, reposante et agréable qu'un fouillis d'accessoires inutiles qui met mal à l'aise les invités et empêche parfois la maîtresse de maison de pouvoir poser son plat sur la table !

Se désencombrer de la télévision ?

Vous pouvez imaginer vous désencombrer de votre télévision si vous réalisez qu'elle vous coupe de la réalité, qu'elle vous isole de votre famille et que vous la regardez par habitude plus que par intérêt. Faites le bilan du temps que vous ou vos enfants passez devant la télévision et imaginez tout ce que vous pourriez faire si vous ne la regardiez pas. Calculez le temps qui vous manque dans une journée pour réaliser tout ce que vous souhaitez et évaluez parallèlement le temps que vous consacrez à la télévision. C'est plus facile qu'on ne le croit de se passer de télévision !

Si vous en faites un usage modéré et responsable, si vous l'utilisez comme un outil au même titre que la radio ou un livre, pourquoi ne pas la garder, mais si vous réalisez, en toute honnêteté qu'elle entretient chez vous une forme de paresse intellectuelle qui vous invite à vous « débrancher » plutôt qu'à rester ancré dans le monde et dans votre présent, alors il est possible d'envisager de s'en défaire. Si c'est trop difficile, pourquoi ne pas la mettre dans une autre pièce que la pièce de vie ou l'enfermer dans un placard sur un petit meuble roulant, pour ne la sortir que modérément. Retrouvez votre liberté et le pouvoir de décider quand vous souhaitez vous échapper du quotidien par ce biais-là. Ne laissez pas le matraquage publicitaire et les habitudes guider votre vie. Interrogez vos motivations profondes, vous serez peut-être étonné…

Coin couture-bricolage

Sauf si vous êtes une couturière ou une bricoleuse émérite, il y a tout intérêt à désencombrer ce coin « créatif » qui n'a de créatif qu'un vague rapport avec des sculptures d'art moderne façon « pile disparate ». Encore une fois, soyez honnête avec vous-même et débarrassez-vous de ce lot de serviettes en papier achetées par vingtaine lorsque vous avez réalisé un objet décoratif pour Noël dernier, de ces morceaux de tissus dont vous ne ferez *jamais* rien, pas plus que de cette feutrine, de ces tesselles de mosaïques, de ces perles, de ces bouts de cartons, de ces carreaux de récupération, de ces tubes de peinture sèche, de ces pelotes de laine, de ce matériel d'encadrement et compagnie ! Avez-vous vraiment envie de bricoler ou de tricoter lorsque vous êtes enfin sorti du travail ? Oui ? Alors tant mieux, rangez chaque chose dans une jolie boîte pour retrouver vos affaires. Mais si, comme beaucoup d'entre nous, vous n'aspirez qu'à lire, à visionner un film ou à profiter de votre jardin, alors laissez tomber vos rêves de grandeur et acceptez l'idée que vous serez artiste dans une prochaine vie ! La mode est au « fait maison » et aux « loisirs créatifs » mais ne vous laissez pas influencer, personne ne doit savoir mieux que vous ce qui vous ressource et vous rend fier de vous.

Coin bureau

Pas besoin d'avoir un bureau de ministre pour gérer les affaires quotidiennes de la famille. Ce qui prend le plus de place dans un coin bureau, ce sont sans aucun doute les archives. Vous verrez dans le chapitre suivant comment les classer et les organiser. À part ça, vous ne devez trouver sur votre bureau que des accessoires qui vous faciliteront la vie ! C'est-à-dire : pas de linge en attente d'être repassé, pas de tricot entamé, pas de bricolage en cours, pas de pharmacie éparse déversée dans la panique, pas de jouets, pas de livres en attente d'un retour à la bibliothèque, pas de chat, *rien* !

Et jetez immédiatement les crayons qui n'écrivent plus, les élastiques (ou alors trouvez-leur une boîte), les vieux trombones tordus, les agrafes esseulées, les mouchoirs en papier usagés, les tickets de caisse, les épluchures de taille-crayons et tous les « trucs-machins non identifiés » qui auraient pu, par mégarde, s'échapper du vide-poches de l'entrée pour atterrir sur votre bureau transformé en vide-poches géant.

Maintenant que votre bureau peut vous accueillir pour traiter la paperasse, attaquez-vous à ce fléau !

Le problème de la paperasse

C'est un bazar bien vicieux que celui-ci puisqu'il s'étale dans tous les coins de la maison et qu'il envahit autant notre espace que notre tête. Souvent, c'est comme le linge à repasser, on attend le dernier moment pour s'en occuper et quand la pile atteint deux mètres de haut, on n'ose plus y toucher ! Ça, c'était *avant* !

Pas question de tenter à la fois de trier et d'organiser, contentez-vous de trier, il y a déjà sûrement du travail. Vous allez restreindre votre action à ce qui traîne dans la maison, vous vous attaquerez plus tard à ce qui tente de ne pas tomber lorsque vous ouvrez un placard.

Première étape : munissez-vous de votre panier à linge ou d'un grand carton ou d'une caisse quelconque de grande contenance et faites le tour de votre logis sans oublier aucun recoin. Entassez dans votre caisse *tous les papiers qui traînent* ! Traîner signifie : qui n'est pas rangé là où cela doit être. Estimons donc que la pile de documents qui s'entassent sur votre bureau traîne. Même si, *a priori*, les papiers sont plutôt dans la bonne pièce.

Rappelez-vous que *paperasse* signifie tout ce qui est en *papier*. Vous pouvez donc y inclure :

- les publicités et différents prospectus ;
- les factures et les papiers officiels ;
- les photos ;
- les lettres et les cartes postales ;
- les tickets de caisse, de carte bleue, les reçus, les bons de commande ;

- les modes d'emploi, les garanties ;
- les dessins de vos enfants ;
- les agendas ;
- les catalogues de VPC, les magazines, les quotidiens ;
- les feuilles blanches, les intercalaires, les feuilles de brouillon ;
- les enveloppes neuves ou reçues ;
- les faire-part de naissance, les invitations ;
- les post-it ;
- les recettes de cuisine, les articles intéressants que vous avez découpés dans un journal ;
- etc.

Deuxième étape : observez déjà votre logis. Il est possible que vous retrouviez maintenant des affaires là où vous aviez entassé du papier. Vous réalisez que, sous ces prospectus, vous aviez une table et que, derrière cette pile de magazines, il y avait votre mari et vos enfants que vous aviez récemment perdus ! Quelle aubaine d'y voir plus clair !

Troisième étape : choisissez une pièce dans laquelle vous allez pouvoir trier par terre. Si ce n'est pas possible car votre sol n'est pas encore visible à ce stade avancé du livre, installez-vous sur votre lit, assez bonne idée d'ailleurs puisque vous serez ainsi obligé de terminer avant d'aller vous coucher le soir ! (enfin on espère que vous ne dormiez pas par terre !)

Il ne s'agit pas pour l'instant d'organiser un rangement efficace concernant la paperasse, mais juste de trier ce qu'il faut ou non garder. Installez à côté de vous un ou deux grands sacs jaunes de recyclage et prenez le papier au-dessus de la pile. Attention : chaque papier qui passe entre vos mains devra être jeté ou gardé en

J.A.

vue de trouver une place dans une organisation ! Pas de « je verrai plus tard pour celui-ci ! » ou « peut-être que… » Niet, nein, no ! Poubelle ou bureau !

Allons-y ensemble, plongeons dans votre paperasse. Vous ferez deux piles :

JE JETTE/JE GARDE.

Maintenant vous pouvez jeter :

- **les publicités et différents prospectus :** ça, inutile de vous dire que c'est la première chose qui doit aller à la poubelle. Si vous souhaitez garder une publicité à cause d'une promotion, allez l'aimanter sur votre frigo et jetez-la lorsque vous serez allé au magasin ou quand la date de la promotion sera dépassée, ce qui se passe bien souvent !
- **les cartes postales :** vous ne les relirez jamais, vous les entassez parce que vous êtes juste content de savoir que vous avez des amis. *Idem* pour les lettres, rares sont celles qui méritent vraiment d'être gardées et de figurer dans votre commode avec un ruban rouge autour du paquet ! Si la carte postale est belle et qu'elle mérite d'être accrochée, trouvez immédiatement de quoi le faire et faites-le. La flemme s'empare de vous tout à coup ? Jetez !
- **les photos et les dessins de vos enfants :** au risque de vous choquer, ce n'est pas un crime de lèse-majesté que de jeter les dessins de vos chers petits, surtout s'ils ont une production quasi industrielle. Gardez plutôt quelques dessins que vous trouvez vraiment à votre goût et que vous afficherez dans un coin de mur qui leur est réservé. Cela flatte vos petits et décore votre espace à moindre frais ! Pour les photos, jetez

d'office celles qui sont mal cadrées, celles où vous avez les yeux rouges, celles où vous vous trouvez affreux, celles où figurent des gens que vous n'appréciez pas ;

- **les tickets de caisse, de carte bancaire, les reçus, les bons de commande :** contrairement à une idée souvent reçue, cela ne sert à rien de les garder car l'encre ne passe pas l'épreuve du temps. Vous pouvez jeter sans scrupule tous les tickets de caisse, sauf s'ils font office de garantie, les tickets de carte bancaire, les bons de commande des objets que vous êtes déjà allé chercher ;
- **les modes d'emploi, les garanties :** vous avez sûrement des modes d'emploi et des garanties d'objets que vous ne possédez plus ou des garanties dépassées depuis dix ans. Faites le tri dans tout ça !
- **les catalogues de VPC, les magazines, les quotidiens :** du balai pour les catalogues de l'année dernière ou l'année d'avant, pour les journaux déjà lus. Ne gardez pas un magazine entier pour un seul article ou une recette de cuisine. Découpez juste ce qui vous intéresse, mais soyez de bonne foi et demandez-vous vraiment si vous allez réaliser la recette ou relire l'article… ;
- **les faire-part de naissance, les invitations :** même discours que les cartes postales. Si vraiment vous ne pouvez pas vous passer de ces souvenirs, trouvez immédiatement une boîte dans laquelle vous collecterez ces merveilles ;
- **les post-it :** quel beau piège que ces autocollants ! Triez d'abord ceux qui ne sont plus d'actualité. Pour ceux dont les informations sont encore à l'ordre du jour, récupérez plutôt un vieux cahier dans lequel vous consignerez tous vos anciens post-it, ou notez-les dans votre agenda ou sur un calendrier mural. Consultez et agissez régulièrement !

- **les recettes de cuisine, les articles intéressants que vous avez découpés dans un journal** : pitié, soyez honnête avec vous-même et reconnaissez que vous n'aurez jamais le temps d'organiser tous ces papiers épars en un joli classeur que vous prendrez plaisir à consulter ! Allez hop, poubelle ! Pour les recettes, ne gardez que les plats que vous êtes capable de réaliser : pas les recettes pour repas du dimanche qui demandent une demi-journée de préparation !
- **les factures et les papiers officiels** : gardez-les mais vous verrez que lors de notre phase 2 sur la paperasse, vous ferez du ménage là-dedans aussi !
- **les feuilles blanches, les intercalaires, les feuilles de brouillon, les enveloppes neuves ou reçues, les agendas** : ce n'est pas parce qu'on est écolo et adepte du recyclage qu'il faut récupérer le moindre bout de papier pour en faire un brouillon ! Si vous décidez de garder les enveloppes des courriers reçus pour en faire du brouillon, très pratique pour écrire la liste des courses, vous verrez qu'on est vite débordé par la tonne d'enveloppes que l'on reçoit chaque semaine. Ayez une boîte dans laquelle vous rangerez votre brouillon ; lorsque la boîte est pleine, recyclez ce qui n'y rentre plus !

Maintenant qu'il ne vous reste que votre pile « à garder », et qui doit normalement représenter le tiers de ce qu'il y avait au début dans le panier, sortez de la pile ce que vous devez traiter (les factures, les RV à prendre…) et faites-le maintenant. Allez jusqu'au bout de l'action, et offrez-vous une petite promenade à la Poste !

Il est temps de s'attaquer à la pile À RANGER. Munissez-vous auparavant de boîtes à archives en carton.

Deux possibilités d'organisation :

- classez les papiers par postes puis par année : boîte ou chemise Électricité puis sous-chemise 2009, 2008, 2007… ;
- classez par année puis par poste : boîte à archive 2009 et à l'intérieur sous-chemise Électricité, Eau, Téléphone…

Pour fabriquer une sous-chemise, rien de plus simple : plier une feuille A4 de couleur et écrire l'intitulé sur la tranche, il n'y a ainsi plus qu'à feuilleter dans la boîte à archives. Très pratique.

Voyons maintenant ce qu'il faut garder et combien de temps.

À vie :
- actes notariés : donation, testament, contrat de mariage, jugement de divorce ou d'adoption, PACS ;
- acte de naissance, de décès, certificat d'hérédité ;
- livret militaire, livret de famille, diplômes, livret scolaire, bulletins scolaires ;
- bulletins de salaire ;
- carnet de santé, de vaccination, carte de groupe sanguin ;
- contrat d'assurance-vie et décès.

5 ans :
- factures EDF-GDF ;
- quittances de loyer ;
- contrat de bail après le dernier paiement ;
- relevés de compte de produits d'épargne.

3 ans :
- carte famille nombreuse ;
- redevance audiovisuelle ;
- taxe d'habitation ;
- taxes foncières.

2 ans :
- certificat de scolarité ;
- remboursements sécu ;
- remboursements mutuelle ;
- facture de chauffage ;
- factures d'eau ;
- contrats d'assurance ;
- contrat de prêt à la consommation ;
- factures d'appareils ménagers.

1 an :
- factures de téléphone.

Les autres : notifications de la Caisse d'allocations familiales : jusqu'à réception de la nouvelle.

Voilà pour les papiers obligatoires, pour le reste (sport, santé, études), c'est souvent à garder momentanément. N'hésitez pas à faire le tri !

La bibliothèque, vidéothèque, « cédéthèque »

L'expérience de Laurence

« La simplicité volontaire a ceci de génial qu'elle nous provoque en douceur jusqu'à percer nos réelles motivations. J'ai toujours cru que j'avais une bibliothèque bondée parce que j'étais une littéraire. J'ai compris depuis peu que ma bibliothèque était bondée pour que les autres pensent que j'étais une littéraire. Avoir un mur couvert de livres, il n'y a pas à dire, ça en jette, ça fait intelligent.

Sauf que, lorsqu'on est vraiment intelligent, on n'a pas besoin de l'étaler sur les murs. Lors du déménagement, mon beau-frère, qui souffrait de porter tous les cartons de livres, m'avait fait cette remarque amusante : *"Tu ferais mieux de les avoir dans la tête tes fichus bouquins ! Ce serait moins lourd !"* Je ne me doutais pas à ce moment-là que sa plaisanterie mettait au jour une vérité des plus évidentes ! Je me suis vraiment demandé si l'image que je renvoyais aux autres valait plus que celle que je percevais de moi-même... Et je n'ai plus eu besoin de mes livres. C'est un travail colossal que de trier tous ces foutus bouquins accumulés depuis tant d'années. J'en donne à des copines, j'en vends, j'en donne aux associations.

Et, comme pour la ludothèque, je donne à la bibliothèque municipale ceux dont je n'arrive pas à me débarrasser tout à fait, ceux que je pourrais avoir envie de relire un jour… (vous savez le fameux jour !). Maintenant je peux dire que j'ai une bibliothèque privée à la bibliothèque municipale !

Je ne vous dis pas la place que ça fait sur les étagères et la poussière de moins à enlever ! »

Les livres

Il est peu probable que tous les livres de votre bibliothèque méritent d'être relus. Pourtant, parce que vous considérez sans doute le livre comme un « intouchable », vous vous plaisez à garder ces objets envahisseurs d'espace. Certes, une bibliothèque garnie, c'est agréable à l'œil et cela flatte l'ego. Vous croyez peut-être que les visiteurs auront une haute opinion de vous s'ils voient au hasard d'une étagère le dernier prix littéraire ou l'œuvre intégrale d'un grand auteur. C'est toujours plus valorisant que la collection de magazines de foot qui traîne dans les toilettes ! De même, si vous avez pu offrir à vos enfants une bibliothèque de jeunesse fournie, vous vous rassurez sur les efforts mis en œuvre pour qu'ils deviennent des lecteurs assidus.

Le problème, c'est qu'à force de garder les livres pour d'autres raisons que le plaisir de les lire, vous encombrez encore et toujours vos étagères, y compris si vous êtes enseignant, étudiant, chercheur… et qu'*a priori*, le livre est pour vous un outil de travail. Alors que garder ?

- les livres que vous prenez plaisir à feuilleter de temps en temps ;
- ceux dans lesquels vous aimez retrouver une citation ou un passage ;

- ceux qui vous servent de support de travail ;
- ceux qui vous ont révélé à vous-même ou qu'un ami vous a offerts pour une occasion spéciale ;
- les classiques, si vous avez des enfants susceptibles de les étudier à l'école ;
- et ceux qui vous font plaisir…

Voici maintenant ceux dont vous pouvez vous débarrasser sans scrupule :

- les livres d'un été, agréables à lire sur la plage, mais que vous ne relirez jamais ;
- les guides touristiques de pays où vous ne souhaitez pas retourner ;
- les livres de psychologie, achetés pour vous aider à surmonter une difficulté passagère ;
- les livres jeunesse qui ne sont plus de l'âge de vos enfants ;
- les « beaux livres » que vous ne regardez jamais ;
- les livres achetés pour vos études et qui sont tellement spécifiques qu'ils en deviennent inutiles dans votre quotidien ;
- les livres que vous avez achetés sur un coup de tête et que vous n'avez jamais ouverts…

Les vidéos et DVD

Peut-être gardez-vous aussi de nombreux DVD pour vous-même ou vos enfants. Outre que ces objets coûtent très chers, ils prennent aussi beaucoup de place et ne sont finalement pas très utiles à votre quotidien. Soyez une fois de plus honnêtes avec vous-mêmes : regardez-vous si souvent chacun des films de votre « dévédéthèque » qu'il mérite de s'y trouver ? N'avez-vous pas la possibilité de louer ou d'emprunter ce film au vidéoclub ou à la médiathèque ? N'y a-t-il, à la télévision ou au cinéma, jamais un film qui mérite que vous le regardiez, au point de nécessiter une cinémathèque personnelle qui recèle parfois jusqu'à des centaines de films ?

Souvent, on garde ces films pour ces fameuses soirées où « il n'y a rien de bien à la télé » ! Pourquoi ne pas profiter alors de ces soirées pour vous retrouver avec votre conjoint ou pour sortir avec des amis, pour lire un bon livre, pour dormir, pour prendre un bain relaxant, pour finir cette aquarelle entamée… ? À l'ère de l'image, il est difficile d'envisager des activités nocturnes différentes du traditionnel « film de début de soirée ». Pourtant, c'est important aussi de savoir prendre du recul face aux trop nombreux écrans qui envahissent nos vies. Les écrans nous coupent physiquement et psychiquement des autres. Certes, c'est agréable de regarder un bon film, mais peut-être n'est-ce pas indispensable 365 jours par an ! Faites le tri dans vos DVD, gardez ceux que vos enfants regardent en boucle, quelques coups de cœur dont, décidément, vous ne vous lassez pas et vendez tous les autres ! Au prix où se monnaient ces merveilles sur les sites de vente aux enchères, vous risquez vite de pouvoir vous offrir les vacances dont vous rêviez cette année !

Et la musique !

De la même manière, est-il vraiment utile de garder tous vos Cds depuis la maternelle ? Certes, vous avez « adoooooooré » cet album de rock lorsque vous aviez 18 ans, mais trouvez-vous toujours autant de plaisir à l'écouter ? Avez-vous seulement remarqué la poussière qui s'était accumulée sur son boîtier depuis la dernière fois où vous l'avez sorti ? C'est la même chose avec ces albums que vous avez gardés parce que vous aimez une ou deux chansons, mais que vous ne trouvez jamais le temps d'écouter, justement parce que c'est fatigant de glisser un disque dans la chaîne hi-fi pour un seul morceau… Faites le tri, ne gardez que les indispensables, les musiques qui vous chavirent, qui vous détendent, qui vous emplissent. Pour le reste, apprenez aussi à écouter le silence, le rire de vos enfants, le bruit de votre respiration… Et laissez tomber les albums que vous apparentez plutôt à du bruit qu'à de la musique. Celle-ci est trop précieuse et trop nécessaire à la vie pour être galvaudée.

Sites Internet

Pour écouter de la musique, on peut aussi se servir du web !

Deezer est un site qui vous permet de découvrir ou de redécouvrir gratuitement des milliers d'albums en ligne. Ce n'est pas un site de téléchargement, simplement un site d'écoute mais vous pouvez vous créer votre propre « cédéthèque » après vous être enregistré gratuitement. Vous avez alors accès, quand vous le souhaitez, à vos albums favoris. Vous pouvez aussi découvrir des interprètes ou compositeurs dont vous n'auriez pas osé acheter les albums. Vous pouvez même établir des *playlists* que vous classerez par genres ou années, à votre guise. Si vous ne parvenez pas à choisir entre toutes ces possibilités, laissez-vous tenter par la « radio » qui diffuse de façon aléatoire des titres sélectionnés dans cette très vaste « cédéthèque », mais sans une minute de publicité ! Un maximum de CDs en un minimum de place, que demander de plus ?

La chambre et la penderie

Nous vous entendons d'ici protester « ah non, pas la penderie ! » Eh si, la penderie…

Beaucoup sont incapables de jeter des vêtements et gardent leurs vieilles chaussettes ou leurs tee-shirts de l'université. Autant de vieilleries inutiles !

Alors, c'est parti, on se débarrasse sans scrupule :

- des chaussettes trouées, dépareillées, boulochées, sans élastique, élimées au talon ;
- des collants filés, même si on a l'habitude de les garder pour les mettre sous un pantalon ;
- des slips blancs devenus gris, des culottes délavées ou devenues roses après accidents de machines, la lingerie inconfortable ;
- les tee-shirts informes que vous gardez pour le bricolage ou le jardinage ;
- des soutiens-gorge dont les bretelles ne soutiennent plus, de ceux qu'on a achetés pour faire la pin-up et qu'on ne porte jamais parce qu'ils sont trop osés/désagréables à porter… ;
- les vêtements qu'on n'a pas portés depuis un an voire plus, ceux dans lesquels on ne rentrera plus mais qu'on garde au cas où notre nouveau régime ferait des miracles ;
- le pantalon en laine qui gratte, la jupe longue qui gêne la marche, le pull angora qui nous fait éternuer toutes les dix secondes, ce petit tailleur qui nous donne dix ans de plus sans problème… ;
- les cravates qui ne s'accordent avec aucune chemise ;
- etc.

Bref, ces exemples montrent que vous devez vous libérer des vêtements :

- sales, tachés, déformés, boulochés, en mauvais état ;
- trop petits, trop grands, mal taillés ;
- qui ne correspondent pas à votre personnalité ;
- désagréables à porter ;
- gênants pour nos activités quotidiennes.

Pour avoir l'essentiel dans ses placards !
Colleuille Jeanne-Aurore ET Gontier Laure, *L'armoire idéale des paresseuses*, Marabout, 2006.

Mesdames, profitez-en pour désencombrer votre sac à main et observez pourquoi vous le trouvez toujours trop lourd ! Videz-en le contenu sur la table. Jetez les tickets de caisse, les bouts de rouge à lèvres écrasés dans leur tube, les échantillons de crème pour les mains que vous ne mettez jamais, les mouchoirs usagés, les papiers de bonbons, le prospectus distribué dans la rue ; faites le tri dans vos cartes de fidélité et ne gardez que celles que vous utilisez au moins quatre fois dans l'année ; faites le tri dans vos papiers importants de portefeuille : vous n'aviez jamais vu que votre carte de mutuelle était périmée, que vous aviez encore votre carte de judo alors que vous avez quitté le club l'année dernière…

La chambre des enfants et leur salle de jeux

Lorsque vous commencerez à désencombrer votre vie et votre maison, vous commencerez par le plus facile. Ce serait complètement stupide de vouloir vous attaquer d'office à ce qui vous est le plus « cher ». Seulement voilà, à force d'avancer, vous finirez par arriver au plus difficile.

Pour certains, désencombrer les caisses de jouets des enfants peut se révéler un véritable tour de force. Il y a les nostalgiques qui se rappellent leurs propres souvenirs de jeux et qui ont l'impression, en jetant un jouet, de se vider d'une partie du bonheur qu'il leur a procuré en l'achetant et qu'il a procuré à leurs enfants.

Mais peut-être que, là aussi, peut-être plus qu'ailleurs, le trop-plein gâche le plaisir.

Alors, comment procéder ?

- mettez d'abord dans un sac tous les jouets souvenirs (doudous, hochets, mobiles...) qui ne vous servent que de béquilles contre l'oubli et qui vous bercent dans l'illusion que vos enfants ne grandissent pas aussi vite qu'ils en ont l'air !
- ensuite débarrassez-vous des peluches offertes en surnombre à la naissance et qui, souvent, ne font que prendre la poussière sur l'étagère ;
- regardez la réalité en face et faites l'inventaire des jouets avec lesquels ils jouent ! Cela paraît évident, mais on garde en fait un nombre hallucinant de matériel éducatif et de jeux de société juste parce qu'on croit qu'un jour...

Après ce tri, la pièce vous semblera déjà beaucoup plus grande, vos enfants seront ravis de retrouver un espace rangé, un lieu moins encombré qu'ils pourront immédiatement investir avec leurs jouets préférés !

N'imaginez pas que la suite ne sera que hurlements de désespoir de la part des bambins et crise de culpabilité de votre part. Au contraire ! Profitez de cette séance de rangement pour discuter avec vos enfants à propos du partage, du trop-plein, de ce qui fait vraiment plaisir… Les enfants comprennent bien les notions de solidarité et conçoivent facilement qu'un jouet dont ils ne se servent pas pourra rendre un autre enfant heureux. De même, ils comprennent très bien où va leur intérêt. Si vous leur expliquez qu'avec l'argent récupéré suite à la vente de certains jouets, vous pourrez leur offrir cette sortie au parc d'attractions qu'ils attendent depuis longtemps, il y a de fortes chances qu'ils ne rechignent pas à désencombrer leur chambre. Ils auront en prime compris le système de l'échange !

Et les jouets dont on n'arrive quand même pas à se séparer ? Il y en a, c'est vrai :

- ceux qui ont été offerts par votre tante adorée, votre mamie, votre meilleure copine et qui n'ont jamais trouvé grâce à leurs yeux ;
- ceux que vous avez payés une fortune un jour et que vous n'avez pas envie de donner parce que vous auriez la sensation de gaspiller ;
- ceux avec lesquels ils jouent seulement lorsque les copains viennent ;
- ceux que vous alliez justement donner et avec lesquels vous les avez vus jouer hier (alors bon, on ne sait jamais…) ;
- et d'autres encore.

Pour ceux-là, vous pouvez tricher. Vous pouvez, par exemple, donner des jouets à l'école de vos enfants, notamment tous les jouets éducatifs, les puzzles, les « mémorys », les lotos, les encastrements et autres cubes à empiler. Ainsi, vous savez que votre enfant joue avec ses camarades lorsqu'il va à la garderie ou pendant les récréations du midi. Lorsqu'il aura grandi, il laissera ses jouets derrière lui pour que d'autres petits puissent en profiter !

Vous pouvez aussi distribuer vos jeux de société à la ludothèque. Vous savez, ce Monopoly avec lequel vous n'avez pas joué en famille depuis la dernière guerre... il serait bien mieux là-bas, sans compter que s'il vous venait tout à coup une envie folle de jouer au Monopoly, vous saurez où le trouver pour une somme souvent très modique ! C'est une façon d'avoir des jeux sans en avoir !

L'expérience de Laurence

« Comme la chambre regorgeait vraiment de jouets à la maison, j'ai décidé d'en donner une bonne partie. Mais c'était trop difficile ! J'avais toujours peur de le regretter et de me voir réclamer le jouet que je venais juste de faire disparaître. Alors j'ai eu une idée : j'ai fait un prêt longue durée à ma nounou. Je lui ai déposé ces jouets-dont-je-ne-voulais-plus-mais-quand-même en lui expliquant que je viendrais peut-être les rechercher un jour. Ma nounou était ravie de renouveler son stock à moindre coût ! Et mon fils jouait plus avec ses jouets chez elle qu'à la maison (elle me l'a confirmé : l'ingrat trouvait qu'elle avait des super-jouets !). Ce que j'aimais, enfin, c'est que les autres petits qu'elle gardait en profitaient aussi, et le partage, j'adore ! Inutile de préciser que je n'ai jamais eu besoin de récupérer un seul de ces jouets ! »

La salle de bains

Ce sont surtout les femmes qui encombrent la salle de bains, cependant nous connaissons des hommes qui possèdent de nombreux produits de beauté. C'est pourquoi ce passage, même s'il parle de maquillage, ne dispense pas ces messieurs de le lire.

Si vous ne trouvez pas dans vos tiroirs des merveilles, faites-le nous savoir.

En général vous y verrez :

- des crèmes par dizaines achetées bien souvent sur un coup de tête (ou un coup de blues !) et que vous n'avez appliquées qu'une à deux semaines, et encore, seulement si vous faites partie des gens « sérieux ». Depuis, ces tubes et pots s'entassent et vous rappellent inlassablement que vous ne prenez pas soin de vous comme vous le devriez ! Charmant… ;
- des parfums qui ne sentent plus rien, ou pire qui ont tourné. Vous trouverez aussi les bouteilles de parfum vides qui vous donnent l'impression d'un salon esthétique à l'ambiance voluptueuse, mais qui font plutôt office de ramasse-poussière ;
- des tubes de rouge à lèvres vides. Il y a aussi ceux dont la matière principale est restée collée dans le bouchon le jour où Bébé s'est amusé à remettre le capuchon alors que le bâtonnet n'était pas encore rentré ! Ceux dont la couleur ne nous va pas mais que vous gardez au cas où une soirée bimbos se profilerait à l'horizon !
- des fards à paupières que votre mère vous interdirait de mettre pour sortir, même à 35 ans ! Les fonds de teint trop foncés qui donnent l'impression que vous êtes tombée la tête la première

dans la purée de carottes de votre petit dernier, ou trop clairs qui vous donnent un air maladif !

- des mascaras secs, des eye-liners dont vous n'avez jamais su vous servir, les crayons pour les yeux et les lèvres que vous n'utilisez pas parce que vous trouvez cela « too much », les paillettes, les faux cils et tous ces accessoires de maquillage achetés pour une soirée et impossibles à utiliser au quotidien ;
- les bombes de mousse à raser vides, les blaireaux déplumés et les rasoirs qui ne rasent plus ;
- les after-shave au parfum douteux ou qui vous brûlent tellement la peau que vous saisissez avec acuité la notion de « feu du rasoir » ;
- les serviettes de toilette râpées, sèches, déchirées ou gagnées à la kermesse de l'école et arborant des slogans publicitaires qui vous feraient honte en public ;
- les 26 gants de crin, fleurs et brosses de massage que personne n'utilise tellement ça fait mal !
- les brosses à dents usées mais que vous gardez par nostalgie (si, si, ça arrive !) ou négligence (c'est plus fréquent) ;
- les peignes qui ont plus de dents manquantes que de dents restantes ;
- la collection d'échantillons que vous vous promettez toujours d'emporter en vacances pour alléger vos bagages mais qui ne correspond jamais à vos besoins du moment (et que vous oubliez de toute façon de mettre dans vos bagages).

Donnez tout ce que vous ne jetez pas aux enfants de vos amis, vous ferez sûrement des heureux.

Passez maintenant à la baignoire ou à la douche : avez-vous vraiment besoin de plusieurs gels douche aux parfums différents ? De ces trois ou quatre shampoings et après-shampoings ? Aujourd'hui, il existe des savons qui s'utilisent aussi bien sur le corps que sur les cheveux. Vous aurez ainsi un produit unique, souvent de très bonne qualité et qui durera plus longtemps qu'un produit en flacon. Résistez également aux fantaisies des publicitaires qui vous font croire que vos enfants ont besoin de produits particuliers !

Faites l'inventaire de ce dont vous avez réellement besoin en fonction de vos habitudes de vie et de votre type de peau. Et commencez à réduire très sérieusement votre nécessaire de beauté. Une seule crème ou huile, de bonne qualité, peut suffire pour le visage, le corps et les mains.

Prenez le temps de trouver LE produit miracle. Une fois que vous l'aurez adopté, la batterie de cosmétiques à la mode ne vous fera plus les yeux doux.

Regardons maintenant l'armoire à pharmacie, que de merveilles ! Vous pouvez sans scrupule rapporter tout ce qui est périmé, tout ce que vous vous refusez à prendre et tous les traitements terminés même si les médicaments ne sont pas encore périmés car le temps que vous les repreniez, ils le seront. Donnez-les tant qu'il en est encore temps ! Si la date est déjà passée, les pharmacies les recyclent, sinon, ils les envoient à des associations humanitaires. Si vous avez honte de la quantité qu'il vous faut rapporter, allez dans une pharmacie loin de chez vous ! C'est toujours déprimant d'ouvrir un placard qui déborde de médicaments : il n'y a rien de tel pour se sentir aussitôt légèrement nauséeux… Or, vous avez le droit de commencer à aller bien.

Notre expérience Laurence

« Pendant longtemps, j'ai été une grande consommatrice de cosmétiques, j'étais accro aux marques, aux nouveautés et aux soins en institut. Je ne descendais jamais dans ma parfumerie préférée pour moins de 150 euros d'achat. Les différentes marques n'avaient aucun secret pour moi, je connaissais parfois même mieux que les vendeuses les principes actifs et les produits en avant-première. Je préférais économiser sur la nourriture que de m'interdire cette crème à 80 euros le pot de 50 ml. Tout comptait pour moi : le prestige de la marque, le packaging, le flacon, la couleur de la crème, sa texture, son parfum, son prix, même le mode d'emploi. J'étais sensible à la moindre marque de luxe que savaient si bien me vendre les publicitaires et les services marketing. Le résultat des produits sur ma peau était important mais pas primordial. Je n'achetais pas de l'efficacité, j'achetais du rêve, je devenais le temps d'un soin Cléopâtre baignant dans son lait d'ânesse.

À l'époque, dans ma salle de bains, vous trouviez :

- un nettoyant visage ;
- un démaquillant pour le soir ;
- un démaquillant spécial pour les yeux (les yeux ne faisant pas partie du visage, c'est bien connu...) ;
- un sérum ;
- une lotion tonique ;
- une crème de jour hydratante à alterner avec une crème de jour antirides à alterner avec une crème de jour peau mixte (un simple tableau Excel à triple

entrée vous suffira pour savoir quelle crème vous devez appliquer chaque jour) ;

- une crème de nuit (achetée suite à une réflexion pertinente d'une vendeuse en mal de commissions : "Vous ne vous coucheriez pas en tailleur n'est-ce pas ? Eh bien votre peau a également besoin d'un pyjama pour la nuit !" Je n'ai pas osé demander si elle avait besoin d'une nuisette pour l'été...) ;
- un gommage visage ;
- une crème contour des yeux ;
- une crème contour des lèvres (parce que les rides des lèvres, ce ne sont pas les mêmes que celles des yeux !) ;
- un masque hydratant ;
- un masque relaxant ;
- un masque désincrustant en profondeur (oui, parce qu'avec ce qu'il y a au-dessus, vous n'avez encore nettoyé que la surface ! On ne dirait pas comme ça, mais c'est épais la peau !)
- un gommage corps ;
- un lait pour le corps ;
- une crème cellulite localisée (à appliquer entre les endroits où vous avez mis la crème pour le corps. Comment ça vous en avez mis sur TOUT le corps !!!! Mais ça ne va pas non ? Vous voulez être désintégré ou quoi ?) ;
- une crème tension buste (ah non, fallait pas mettre le lait corporel là non plus !)
- une crème pour les pieds ;
- une crème pour les mains (non, ce n'est pas parce que vous venez d'appliquer 4 kg de crèmes différentes sur toutes les parties de votre corps que vos mains sont hydratées, non, non, non...)

Je passe les produits pour les cheveux et les produits de maquillage parce que là, on frise l'épaisseur de l'annuaire téléphonique.
Mais ça, c'était AVANT !!!

- avant que mes grossesses et allaitements n'aient raison du 90 B de mes 20 ans et qu'aucune crème tension buste ne pourra plus jamais me rendre !
- avant que la seule chose dont j'ai vraiment besoin pour enlever mes cernes soit une bonne nuit de sommeil sans réveils intempestifs pour cause de fantôme, mal au ventre, pipi au lit, doudou perdu, sorcière derrière le rideau... et un verre d'eau s'il te plaît !
- avant que les tambourinages à la porte de la salle de bains en hurlant "Maman !!! Caca !!!" n'interrompent le moment de quiétude et de repos que représente la pose du masque relaxant
- avant que l'école, aux horaires fixes, ne m'oblige à faire ma toilette en 1/4 d'heure chrono, sans avoir le temps d'appliquer le huitième de ma collection de crèmes ;
- avant que je sois sans cesse obligée d'intervenir dans les bagarres fraternelles avec mon maquillage à la main (me faisant ainsi un jour aller à une soirée avec un œil maquillé et l'autre pas...) ;
- avant que la vie ne me rappelle à l'ordre.

Car, plus sérieusement, c'est grâce à mes enfants que j'ai pu lâcher du lest dans ma course à la beauté. Et grâce à une grosse traversée du désert sur le plan financier. Lorsque j'étais une *fashion victim*, la question entre manger et m'offrir la dernière crème de marque ne se posait pas, mais lorsque je suis devenue maman, la question fut évidemment vite tranchée.

Puis, j'ai un jour lu l'article d'un sociologue qui s'inquiétait particulièrement que, dans notre société, on veuille à ce point retarder l'effet du vieillissement, décaper nos peaux jusqu'à ce qu'elles n'aient plus d'odeur naturelle (ce qui, selon lui, posait de gros problèmes de mésentente sexuelle dans les couples puisque les aspects chimiques avaient disparu), fabriquer à ce point un monde de blancheur et de propreté suspectes.

Je me suis interrogée sur ce besoin que j'avais d'acheter tous ces cosmétiques. Avais-je l'impression, dans ces moments-là, d'avoir autant de valeur qu'en avait la crème que j'utilisais ?

Une autre fois, j'entendis une jeune fille pester contre sa mère, qui cherchait par tous les moyens à se débarrasser du « petit ventre ». Elle me dit : « *Quand même, elle a eu trois enfants ! C'est normal qu'elle ait du ventre !* » Elle semblait blessée que sa mère veuille gommer les effets de ses grossesses successives. Et moi, que reniais-je avec toutes mes crèmes antitout ?

Alors j'ai accepté la leçon que me donnait la vie. Depuis, j'accepte mes cheveux blancs, les rides qui se creusent un peu plus chaque jour, mes seins en poire et mes traits parfois fatigués. Mes enfants passent leur temps à me dire que je suis belle et ma fille est fière de dire que, « *si maman n'a plus de seins, c'est parce qu'avec mon frère on lui a tout mangé les seins quand on était petits !* »

Moi aussi j'en suis fière… Parce que mon corps raconte leur histoire et la mienne.

Aujourd'hui dans ma salle de bains il y a :

- un savon gommant pour le visage ;
- une crème multi-usage (visage, corps, mains) ;
- quelques produits de maquillage ;

Et il y a une glace qui me renvoie une image naturelle de moi-même. »

Les espaces de rangement (cave, placard du bout du couloir, grenier, garage, dépendances…)

On peut penser que lorsqu'on a désencombré et organisé l'essentiel de sa maison, les espaces de rangement sont vraiment notre dernière préoccupation. Certes, il est peu probable que vous commenciez votre désencombrement par la cave ou le grenier, mais vous verrez rapidement que ces espaces-là sont aussi importants à soigner et à préserver que le reste. Peut-être faut-il même être encore plus vigilant à ces endroits car ils sont naturellement destinés à stocker, à déposer dans un coin les objets rarement utilisés ou les vieux souvenirs. Pour peu que vous ayez des dépendances suffisamment grandes, vous n'aurez aucun scrupule à entasser et à accumuler puisque vous n'aurez pas votre bazar sous les yeux en permanence. Sauf que :

- lorsque vos espaces de rangement seront matériellement saturés, vous serez alors obligé de vous attaquer à une montagne d'objets qu'il eût été plus simple de désencombrer au fur et à mesure. Rien n'est plus épuisant que de passer des heures à ranger ce que l'on pensait déjà avoir rangé (en le mettant de côté dans le garage !) ;
- le bazar entassé vous empêche d'attribuer à ces dépendances d'autres fonctions : garde-manger, atelier de bricolage, lingerie ou chambre d'amis… ;
- vous êtes incapable de retrouver les objets dont vous vous servez rarement (mais qui méritent d'être conservés) parce qu'ils sont ensevelis sous des tonnes de sacs-poubelle ou de cartons marqués « à donner ». C'est ainsi que vous paniquez, le 23 décembre au soir, à quatre pattes dans le grenier avec la torche électrique : mais où sont donc passées les décorations de Noël ?

• vous savez en permanence que le bazar que vous avez libéré ici est venu s'entasser là-bas, et ça, inconsciemment, c'est fatigant.

Il est donc important de soigner aussi ces espaces de rangement. Si l'on s'en sert d'espace de stockage en attendant d'aller à la déchetterie ou dans les points de vente ou de don, ce qui est légitime, il faut se fixer un rendez-vous régulier pour faire le vide.

On peut aussi faire le point sur les boîtes vides de jouets ou d'électroménager que l'on garde dans l'hypothèse d'un déménagement qui ne viendra probablement jamais. De toute façon, si vous devez effectivement déménager, pensez-vous que vous trouverez le courage de remettre chaque objet, chaque pièce de vaisselle ou de jouet dans son carton d'origine ?

Criez haro sur les petits meubles et autres lustres ou plateaux démantelés, chinés aux vide-greniers et qui attendent sagement d'être retapés ou redécorés par vos soins ! Depuis combien de temps les entretenez-vous en fait dans un état de décomposition avancé ?

Sus au matériel de jardinage et de bricolage en double exemplaire ou tellement usé qu'il est inexploitable ! Inutile de garder 50 colliers de serrage de plomberie quand vous venez juste de refaire toute la salle de bains ! Maintenant que vos travaux sont terminés, désencombrez ce qui vous a servi et qui, on l'espère, si vous avez été compétent, ne devrait plus vous servir avant longtemps !! Inutile aussi de garder les vieux pots de peinture au cas où vous auriez besoin de repasser une couche pour redonner un coup de frais à cette pièce. Il y a fort à parier que, ce jour-là, vous aurez de toute façon envie de changer la couleur !

En clair, là comme ailleurs, il s'agit de désencombrer de l'inutile et du superflu en se rassurant sur le fait qu'il sera toujours possible d'emprunter ou d'acheter à l'unité le moment venu.

VIII

Et maintenant ?

Maintenant que 25 sacs-poubelle ornent votre entrée, il est temps d'en disposer. En effet, souvenez-vous que, tant que ce dont vous n'avez plus besoin reste dans vos murs, cela continue à peser sur vos épaules, cela continue d'occuper votre espace mental et physique. Plusieurs options s'offrent à vous.

Réutiliser

Un certain nombre d'objets peuvent avoir une seconde vie tout aussi utile et intéressante que la première, à condition d'avoir un peu d'imagination. Avantage majeur pour votre porte-monnaie, le détournement d'objets, pour peu que vous les transformiez en quelque chose d'utile, vous évite d'avoir à en acheter d'autres. Un pot de fleurs inutilisé peut accueillir des crayons ou des couverts, un range-casseroles peut se transformer en range-revue. Les ouvrages proposant de détourner des objets de la vie quotidienne pour en faire autre chose ne manquent pas. N'hésitez pas à faire appel à votre imagination !

Même si le résultat est bancal, étrange, voire moche, vous aurez au moins le mérite d'avoir essayé. De plus, il se peut aussi que ce soit original, décalé, poétique. Avantage majeur pour votre estime de vous-même : fabriquer quelque chose, quelles que soient la taille de l'objet en question et sa destination finale, est toujours une activité agréable et qui donne confiance en soi et en ses capacités. Oui, vous pouvez éviter un certain nombre d'achats, vous pouvez gagner en autonomie… Non, vous n'avez pas deux mains gauches…

Avantage pour la planète : moins on jette moins on pollue, c'est mathématique !

Donner

« On n'est jamais heureux que dans le bonheur
qu'on donne. Donner c'est recevoir »
Abbé Pierre

Pourquoi donner ?

Ce n'est pas parce qu'un objet ne vous sert plus (une Cocotte-Minute bien trop petite pour notre nombreuse famille ou tout simplement en doublon avec son homologue plus récente par exemple) qu'il va vous être facile de la donner. Après tout, vous avez sué sang et eau pour l'acheter ! Il semble donc logique de récupérer un minimum d'argent dessus, en la revendant, ou au pire de la transmettre à votre progéniture, comme ça, ça ne sort pas de la famille…

Pour certains, donner est simple et évident, pour d'autres, c'est quasi impossible. Mais, pour tous, en général, plus l'objet a coûté cher et moins il a servi, plus la culpabilité est grande… et plus il est difficile de le donner. On a toujours l'espoir de rentrer un jour dans ses frais ou du moins de limiter la casse et la culpabilité liée à l'achat compulsif. Mais, parfois, il faut se rendre à l'évidence : le jour où vous avez acheté ce truc, vous avez fait une bourde. Vous avez perdu des sous. Point barre. Les sous sont partis et, comme vous ne vous servez pas de l'engin en question, autant supprimer de votre vue ce rappel de vos erreurs passées… En effet, quoi de plus douloureux que de passer tous les jours devant un rameur multifonction, qui vous a coûté les yeux de la tête et sur lequel vous n'êtes monté que… trois fois ?

Alors réfléchissez : ce magnifique vélo d'appartement, il pourrait faire des heureux ! De toute façon, même si vous le revendiez, vous ne rentreriez jamais dans vos frais, il ne faut pas rêver. Alors que, si vous le donnez, vous aurez fait une bonne action qui vous réchauffera le cœur, vous permettra peut-être de faire des rencontres sympathiques et vous servira de rappel à l'avenir quand l'envie vous prendra d'acheter un objet aussi encombrant et inutile !

Même chose pour les habits, surtout les habits d'enfants : on les garde, soigneusement emballés dans des cartons en attendant d'avoir des petits-enfants. Quand l'heure vient, les élastiques sont morts, les mites ont fait des trous, l'humidité a ravagé des cartons entiers… et le reste est passé de mode. Résultat, plus rien ou presque n'est utilisable. Quel dommage, il y a tellement de monde à qui cela aurait pu servir ! Pensez-y avant de faire vos cartons et de les stocker pour les vingt prochaines années.

La plupart d'entre nous détestons la sensation de gâchis quand nous devons jeter quelque chose… Or, il y a de nombreuses façons de donner, et des choses dont on ne voit absolument pas l'utilité peuvent faire le bonheur d'un bricoleur, d'un artiste, d'une famille dans le besoin… peut-être même de votre voisin ou de votre petite-cousine.

Comment donner ?

- Faites marcher le bouche-à-oreille. Si vous avez un réfrigérateur à donner, c'est bien le diable si ça n'intéresse personne dans votre entourage proche ou moins proche ! Dites-le autour de vous, fort, mettez des petites annonces, pourquoi pas…
- Certains se sont installés devant chez eux un jour avec tout leur fatras et un grand panneau « À donner » : efficacité remarquable ! Eux étaient contents de ce grand ménage peu fatigant et ils ont été largement récompensés par les sourires et les remerciements sincères qu'ils ont reçus à cette occasion.
- Pensez aux anniversaires et à ce qui pourrait faire plaisir à untel ou unetelle… Vous n'aimez pas ce vase mais vous savez qu'il plairait beaucoup à votre tante ? Osez, donnez-le-lui, même s'il n'est pas neuf. Souvent, on pense qu'un cadeau est un objet tout droit sorti d'un magasin, que seuls les objets neufs ont de la valeur… c'est faux. Les objets ont aussi, peut-être même surtout la valeur qu'on leur donne… Si ce tee-shirt sur lequel votre amie a flashé ne vous plaît finalement pas tant que ça, n'hésitez surtout pas à le lui offrir…
- Abandonnez les livres sur un banc ou dans les cafés. Vous pouvez le faire, tout simplement, sans rien dire… Mais vous pouvez aussi vous faire enregistrer sur le site *BookCrossing*[18], site en anglais, mais qui référence des livres en Français et des lieux en France. Quel intérêt ? Ce site est né en 2001, sous l'impulsion de Ron Hornbaker. Il trouvait que ce serait intéressant de faire circuler les livres et de savoir où ils arriveraient. Donc, lorsque l'on souhaite déposer un livre, on l'inscrit sur le site.

[18] www.bookcrossing.com

Tous les livres sont référencés sous un code qui permet de les tracer. Vous indiquez où vous allez déposer votre livre, les gens connectés savent où chercher, puis, grâce au code, on peut suivre le parcours fait par ce même livre… Car l'idée consiste bien sûr à ne pas le garder après l'avoir lu mais à le déposer à nouveau quelque part, pour quelqu'un d'autre. *BookCrossing* compte actuellement plus de 700 000 membres ! En France, ils sont parfois connus sous le nom de « lâcheurs de livres ». Une idée à garder dans un coin de la tête pour les livres qui nous sont chers…

À qui donner ?

- **Les vêtements :** on trouve des points relais à peu près partout, souvent dans les mêmes zones que les conteneurs à déchets. On peut y déposer, dans des sacs en plastique, des vêtements en bon état. Vous recevez peut-être aussi de temps en temps des sacs à déposer devant votre porte, n'hésitez pas à vous en servir. Bien sûr, cela demande de faire un certain tri, afin de mettre des vêtements qui ne sont pas trop abîmés… Pour vous décomplexer, sachez qu'il existe aussi dans le Maine-et-Loire une entreprise du nom d'Urgania qui fait des vêtements magnifiques à partir de vêtements récupérés. Ce concept se développe actuellement, cherchez près de chez vous, il y a peut-être d'autres entreprises qui font la même chose. Si vos vêtements sont trop abîmés, vous pouvez les envoyer au Relais qui s'en sert pour fabriquer un isolant textile du nom de « Métisse ».
- **Les vêtements pour bébé :** pour vos amis, vos cousins, vos frères et sœurs qui ont des tout-petits… Vous ferez sûrement

des heureux, les vêtements pour enfants sont si chers et portés si peu de temps ! Renseignez-vous aussi auprès des assistantes maternelles. En dernier lieu, il reste encore les points relais...

- **La nourriture** non périmée, que vous ne mangerez jamais : pour les restos du cœur et autres associations humanitaires. Si c'est périmé, vous pouvez toujours penser aux oiseaux, aux chiens et chats, à défaut, engraissez votre compost mais ne la jetez pas à la poubelle !
- **Les livres, les disques :** soit la bibliothèque sera ravie de vous les prendre, soit ils vous autoriseront peut-être à laisser votre carton près de la porte pour que les lecteurs qui passent se servent directement... Emmaüs prend aussi ces objets-là.
- **Les jeux :** à Noël, de nombreuses associations collectent les jouets pour les distribuer (attention, certaines, tels *Les rockers ont du cœur*, ne prennent que les jouets neufs et dans leurs emballages)... Le reste de l'année, il y a les ludothèques, les hôpitaux, les centres sociaux parfois... Pensez aussi aux crèches, aux espaces jeux pour les petits qui existent probablement près de chez vous.
- Le reste, **tout et n'importe quoi :** les compagnons d'Emmaüs récupèrent tout et trient ensuite, ce qui est pratique si vous voulez faire un grand ménage d'un seul coup et que c'est trop contraignant pour vous d'amener tel truc à tel endroit et tel autre à telle adresse ! Ils peuvent éventuellement se déplacer. En plus, vous faites une bonne action : les objets sont triés et revendus par des personnes qui traversent des difficultés d'insertion et qui retrouvent grâce à ce travail un peu de confiance en eux.
- D'autres **entreprises de réinsertion :** certaines récupèrent l'électroménager en panne, le réparent et le vendent à petit prix.

- Pensez aussi aux **centres d'hébergement d'urgence**. Certaines femmes quittent leur domicile avec le strict minimum et ont besoin de repartir de zéro. Un peu d'aide dans ces cas-là est toujours la bienvenue.
- Sur Internet, vous pourrez trouver des **sites pour donner ou troquer vos affaires :** décrivez les objets que vous souhaitez donner… et les gens intéressés viennent chercher l'objet convoité directement à votre domicile.

Témoignage de Véronique Sébire, fondatrice d'Urgania

« J'ai créé Urgania suite à un certain nombre de constats. Premièrement, lors d'un stage dans un DEFA (diplôme d'état relatif aux fonctions d'animation) il y a onze ans, j'étais dans une association de type Emmaüs qui récupérait ce dont les gens se débarrassaient pour le revendre. Je voulais proposer un atelier créatif à partir de ces rebuts de tissus, apprendre aux gens à créer même avec peu de moyens... Mais faute de créativité et aussi par surabondance de vêtements il y avait toujours énormément de tissu jeté : par exemple, s'il manquait un bouton à une veste, elle était jetée parce qu'on n'avait pas le temps de réparer et que personne n'allait acheter une veste sans son bouton... Maintenant, on a trouvé de nouvelles réponses à ce problème, on fabrique des isolants textiles, par exemple, à partir de vêtements recyclés... Mais à l'époque, ça n'existait pas et je me demandais quelle planète on allait laisser aux générations futures. Pour elles et mes cinq enfants, je me devais de faire quelque chose.

Deuxièmement, j'étais aussi créatrice et l'enjeu était de véritablement recréer des vêtements. Maintenant, je récupère, je crée une nouvelle mode, je réponds aussi à un besoin des consommateurs en leur proposant des achats qui ont du sens... l'écologie doit être belle. Ma mode est introuvable ailleurs : c'est important pour moi de proposer des vêtements extraordinaires, c'est un vrai challenge.

Troisièmement, tous les ouvriers couturiers à l'heure actuelle sont laissés sur le carreau par les délocalisations... or, on a besoin d'emplois locaux, on a besoin de conserver ce savoir-faire. Alors Urgania est aussi une filière d'emplois.

Enfin, nous avons une manière de commercer unique : la transparence des prix est totale, c'est une sorte de traçabilité du prix du produit, incontournable à mon avis si on veut que les mots de respect de l'autre, de travail, d'argent, aient un sens... »

- Urgania. 52 rue de la Cité
  Z 9 Dyna Ouest – 49600 Beaupréau
  Tél. : 02 41 58 69 21
  Site Internet : www.ugania.com
  E-mail : urgania@wanadoo.fr

Vendre

Il arrive souvent qu'au cours du désencombrement, on ait remis à jour des objets en très bon état qui intéresseraient de nombreuses personnes. Aujourd'hui, il existe des tas de façons de vendre ses affaires : les réflexions entamées sur l'écologie et le gaspillage, les prix qui ne cessent de grimper sont autant de raisons qui incitent les gens à acheter d'occasion. Alors, vendre d'accord, mais où et comment ?

- **dans les vide-greniers :** de mars à octobre, les villages organisent des manifestations où chaque particulier peut vendre ses affaires personnelles. Non seulement, c'est une expérience agréable où l'on « joue à la marchande » et où l'on rencontre beaucoup de monde, mais on peut faire vraiment des affaires. En principe on peut y vendre tout ce qui est légal. Préférez tout de même ce qui n'est pas très encombrant (car il vous faudra peut-être ramener le soir l'armoire normande !). Emballez bien ce qui est fragile car le déplacement et l'encartonnage facilitent la casse. Soyez malin et mettez-vous à la place du client : faites des lots pour les vêtements, les livres, les disques, les cartes postales... et ne soyez pas trop gourmand sur les prix, vous êtes là pour débarrasser la maison et les clients sont là pour faire des affaires !
- **dans les bourses :** aux vêtements, aux livres, aux jouets, aux plants de jardin... Il y en a pour tous les goûts. Traquez ces informations dans les journaux gratuits de votre région. Le plus souvent en septembre et en mai. Attention cependant, il faut être disponible sur plusieurs jours à des horaires précis :

un jour pour apporter vos affaires (souvent un maximum de dix articles), et un pour venir les chercher.

- **dans les magasins d'occasion :** les bouquineries, les magasins de vêtements qui préfèrent toutefois les vêtements de grande marque en parfait état et encore à la mode, les magasins de matériel de puériculture à condition que celui-ci soit dans un état irréprochable et aux normes actuelles de sécurité… À chercher dans votre ville !
- **sur Internet :** en règle générale, il existe de nombreux sites sur lesquels vous pourrez vendre à prix fixe ou aux enchères ce qui vous encombre. Certains sites sont d'ailleurs spécialisés dans la vente de livres, de ressources audio ou vidéo, de meubles, de vêtements.
- **dans les dépôts-ventes**, super-pratiques pour les meubles et les appareils électroménagers.

Recycler ou jeter

Enfin, il y a tout le reste, qui n'est ni vendable, ni récupérable par qui que ce soit… du moins, à votre connaissance. Cela, il faut bien se résoudre à le jeter. Mais attention, tout ne se jette pas n'importe comment, n'importe où. Les décharges sauvages sont bien entendu interdites par la loi ! Il y va de l'avenir de notre planète et de votre tranquillité.

Commençons par tout ce qui est périssable, et si vous désencombrez les placards de la cuisine et le frigo, cela peut servir. Ceux qui possèdent un jardin peuvent installer un coin à compost. Il existe aujourd'hui des composteurs en bois ou en plastique très bien conçus et relativement esthétiques mais l'on peut aussi tout simplement aménager un espace d'un mètre carré environ, éventuellement délimité par quatre planches de bois ou des palettes. Vous y mettrez tous vos déchets de cuisine et de jardin, ce qui allégera vos poubelles et limitera fortement leurs odeurs désagréables. Surtout, ne vous laissez pas impressionner par tous ces conseils sur l'art du compost… qui découragent les débutants en leur faisant croire que c'est très compliqué… Laissez dire. Entassez vos déchets de cuisine, de jardin… la nature s'occupe du reste. Il sera toujours temps, si la question vous passionne, d'améliorer la technique ultérieurement !

Sinon voici quelques petits rappels concernant le tri sélectif. Certains recommandent, lorsqu'on se lance dans le désencombrement, de ne pas s'embêter avec cela car la tâche s'en trouve singulièrement compliquée. Certes, c'est parfaitement vrai. Mettre de côté les cartouches d'imprimante usagées, par exemple, en attendant de trouver un endroit qui les reprenne peut signifier pour un bordélique le début d'une nouvelle pile à un endroit tout à fait inopportun.

Mais, en général, lorsqu'on se lance dans le désencombrement, on jette bien plus que quelques cartouches et le détour par la déchetterie est plus que probable. Vous veillerez donc à ne mettre dans vos poubelles dites « normales » :

- ni les papiers ;
- ni les cartons, ni les boîtes de conserve, ni les plastiques alimentaires ;
- ni le bois ;
- ni la ferraille ;
- ni le verre ;
- ni les cartouches d'imprimantes, les piles ;

- ni les médicaments ;
- ni les pneus ;
- ni aucun produit toxique (et la plupart des vieux flacons dont vous voudrez vous débarrasser, qu'ils viennent de l'atelier, de dessous l'évier ou de la buanderie, sont furieusement toxiques).

Tout cela, à part les médicaments qui sont récupérés directement par les pharmacies, va à la déchetterie où, en théorie, quelqu'un sera là pour vous expliquer où mettre tel ou tel tas de déchets. Vous aurez libéré votre maison tout en faisant un petit geste pour la planète, c'est toujours meilleur pour le moral. Rappelons que le verre se recycle à l'infini, que le papier et le carton recyclés servent à fabriquer du papier journal ou du carton et permettent d'éviter de couper des arbres, matière première du papier ; il est bon de s'en souvenir. Rappelons aussi que souvent les poubelles sont enterrées ou incinérées. Tous les produits toxiques qui ont le malheur de s'y trouver répandent alors leurs poisons dans l'atmosphère ou dans les sols où ils tuent les micro-organismes qui y vivent pour finir leur parcours dans les nappes phréatiques puis dans la mer (en passant par notre eau du robinet entre-temps). Ayez une pensée pour notre Terre, elle nous fait vivre.

Bien sûr, vous ne mettrez pas non plus ce qu'on appelle dans le jargon « les encombrants » sur le trottoir près de votre poubelle, car ils seront encore là après le passage des éboueurs. Les encombrants, à savoir votre vieille télé, ce sommier percé, la machine à laver du grand-père qui attend dans le garage qu'une nièce déménage et la récupère... vont aussi à la déchetterie, à moins que vous ne les donniez à un fan de bricolage.

IX

Comment ne pas se réencombrer ?

Les accumulateurs ont dans l'idée que le jour où ils auront enfin fait un grand ménage par le vide dans leur maison, la partie sera gagnée… Malheureusement, il n'en est rien, même s'il est vrai qu'il est plus facile de maintenir une maison désencombrée que de la désencombrer…

Ce qui est le plus difficile, c'est de se passer du superflu. Ou plutôt de ne pas ACHETER toujours et encore.

Éliminer les vieux trucs, donner, vendre, jeter l'inutile ou l'encombrant, maintenant vous savez faire. Vous regardez droit dans les placards et vous avouez que vous vous êtes trompé en achetant ce truc « indispensable » dont vous ne vous servez jamais, ça aussi vous y arrivez.

Après la lecture des chapitres précédents, vous savez jeter et repartir sur de nouvelles bases. Mais peut-être faudrait-il faire la différence entre les bonnes et les mauvaises bases, justement.

Car sans être nécessairement un acheteur compulsif, on peut facilement se réencombrer en très peu de temps.

Il vous faut donc une méthode pour résister à votre désir d'acheter. Il vous faut aussi beaucoup d'indulgence envers vous-même. Vous êtes né dans une société de consommation. Vous baignez dedans 24 heures sur 24 heures. Tout vous pousse à consommer, que ce soit votre entourage, la publicité, les injonctions des économistes (pour être un bon citoyen, maintenant, il faut aussi être un bon consommateur), tout est mis en œuvre pour vous faire croire que votre bonheur en dépend. Il va sans dire que vous n'avez pas fini de tomber dans les pièges tendus par les publicitaires. D'où la nécessaire indulgence envers vous-même qui vous permettra d'éviter l'autoflagellation à la moindre incartade. Une fois encore, il faut le redire, se débarrasser de ses réflexes de consommateur est une chose particulièrement difficile… et très lente dans sa mise en place. Tout d'abord, vous pouvez tenter de repérer, quand vous faites un achat, à quel besoin ou envie vous succombez.

Les achats « coups de cœur » sont ceux qui, comme le sucre, calment une envie inopinée mais n'ont rien à voir avec du plaisir longue durée. C'est une sorte de drogue qui calme la fièvre acheteuse temporairement. Dès que l'objet se vide de son attrait lié à la nouveauté, il devient encombrant et la fièvre ressurgit.

Ce sont aussi tous les achats provisoires achetés rapidement parce qu'on ne supporte pas d'attendre un peu pour avoir ce que l'on désire vraiment. Si savoir attendre est une vertu, c'est surtout devenu, dans notre société qui nous fait vivre éternellement à crédit, l'apanage des pauvres ou des idiots. On se lance malheureusement trop vite dans des achats inconsidérés parce que, depuis de nombreuses dizaines d'années maintenant, les publicitaires nous ont rendus exigeants et capricieux.

Voici deux garde-fous qui pourront vous permettre de résister plus facilement :

- **une liste des 30 jours** (selon une idée adaptée d'Elaine Saint James dans le livre *Vivre simplement*) : elle consiste à consigner toutes les envies sur un papier, d'inscrire leur prix et aussi le nombre d'heures de travail que ça représente par rapport à votre salaire horaire. Ce salaire horaire peut être calculé en fonction de vos allocations si vous êtes mère au foyer ou en fonction de vos revenus Assedic si vous êtes au chômage. Garantissons que lorsque vous voyez que cette jolie petite paire de chaussures à 30 euros représente une après-midi de travail payée au Smic, vous réfléchissez à deux fois avant de l'acheter ! Si au bout de 30 jours, vous considérez que votre envie est durable et que l'objet vaut cette part de salaire, vous pouvez vous l'acheter. Mais il y a fort à parier que l'envie sera déjà passée ;

- **un moratoire sur les achats.** Cela consiste à ne rien acheter d'autre que l'alimentaire et ce qui sert à faire tourner la maison (lessive, gel douche…). Oui, vous avez bien lu, ne rien acheter, sauf l'indispensable, pendant une période donnée. Ne font partie de l'indispensable ni cette petite robe sans laquelle vous pensez que vous allez mourir, ni ce mixeur-vibreur qui va changer votre vie. Il faut que le moratoire coure sur une période assez longue pour que vous puissiez traquer vos habitudes d'achat compulsif. Mettons quinze jours au minimum, pour ceux qui pensent que jamais ils ne pourront tenir… jusqu'à six mois si vous vous en sentez le courage. Et si vraiment quelque chose vous fait très très très envie, alors écrivez sur une liste qui reste dans le porte-monnaie ou le portefeuille l'objet convoité avec ses références. Si au bout du moratoire :
  – 1. on se souvient de ce que c'était exactement ;
  – 2. de pourquoi on en avait envie et
  – 3. si on en a toujours autant envie…
  alors oui, on peut s'autoriser à l'acheter. Si jamais c'était une « occasion unique qui ne se reproduira pas », dites-vous que ce n'était pas pour vous. Les occasions uniques sont souvent les plus belles arnaques.

L'exercice est libérateur à plus d'un titre. D'abord, vous gagnez un temps fou puisque vous passez beaucoup moins de temps dans les magasins (à moins d'aimer vous faire mal !). En plus, vous gagnez en tranquillité d'esprit : ce mois-ci du moins, vous ne serez pas à découvert. Et puis vous n'avez plus à vous demander si c'est raisonnable ou pas d'acheter cette petite robe, ce nouveau plat à gratin… puisque pendant un mois, deux mois… voire plus, vous savez que vous n'achèterez rien.

L'intérêt de ces deux techniques : se rendre compte qu'on n'est pas aussi dépendant qu'on le pense des supermarchés et de leurs offres faramineuses. Vrai, on peut vivre sans la plupart des objets qu'on nous vante comme étant incontournables. Mieux même, on vit plutôt mieux sans. De plus, apprendre à se passer d'objets, c'est devoir faire preuve d'imagination, c'est reprendre confiance en soi, en sa capacité à faire face aux choses sans l'aide d'autrui. Appliquer le moratoire, c'est aussi se découvrir d'autres activités que le lèche-vitrine du samedi. Si au bout du temps réglementaire on décide d'acheter quand même un truc, on peut penser que c'est en conscience et donc qu'on va en profiter un peu…

L'expérience de Laurence

« La première fois, j'ai posé un moratoire sur les achats pendant dix jours. Interdiction d'acheter quoi que ce soit en dehors de l'alimentaire et des produits d'entretien ou d'hygiène. J'ai noté scrupuleusement sur une feuille ce que je me suis refusé. Attention, je ne parle pas des objets dont on se dit quand on les voit : "Oh si j'avais de l'argent, je me l'achèterais". Non. Je parle de ceux pour lesquels, avant le moratoire, j'aurais instinctivement dégainé la carte bleue. Je parle de ces "pas grand-chose" entre 10 et 45 euros dont on se dit que ce n'est pas si peu qui grèvera le budget.

En dix jours, j'ai économisé 177 euros. Oui, vous avez bien lu : avant le moratoire, j'aurais dépensé 177 euros en choses "indispensables" sans m'en rendre compte. Est-ce à dire que j'allais jusqu'à dépenser le triple en 30 jours, je n'ose même pas me poser trop longtemps la question... Voilà douze ans que je vis au-dessus de mes moyens en ayant l'impression de ne jamais dépenser beaucoup. »

Éviter les magasins, fuir les publicités

Si la liste des trente jours vous semble trop compliquée, si le moratoire vous paraît trop contraignant, vous pouvez simplement commencer par ne plus mettre les pieds dans un magasin à moins d'avoir une excellente raison de le faire. Réfléchissez : pourquoi achetez-vous des choses dont vous n'avez pas besoin ? Qui vous donne envie de les acheter, qui vous fait croire que vous en avez besoin, que vous seriez plus heureux avec ? Vos amis ? Les publicités ? Les étalages alléchants dans les magasins ?

Éviter de faire les magasins simplifie la vie. Nul besoin de résister à la tentation s'il n'y a plus de tentation ! Vous n'irez dans les magasins que lorsque vous aurez vraiment besoin de quelque chose.

L'expérience d'Alice
« Mon budget livres a énormément diminué quand j'ai déménagé à la campagne, à trente kilomètres de la librairie la plus proche. J'allais à la bibliothèque où, comme par hasard, je tombais sur des livres que j'avais envie de lire ! Depuis, j'ai appris à rentrer dans une librairie et à en ressortir sans rien acheter si je n'ai pas trouvé ce que je cherchais... »

Si vous pensez que la publicité ne vous fait rien et que vous n'y êtes absolument pas réceptif, demandez-vous pourquoi les entreprises dépensent des fortunes en budgets publicitaires alors même qu'ils refusent parfois des augmentations à leurs employés, prétextant des bénéfices insuffisants ! Pensez-vous que les constructeurs automobiles investissent, en publicité, 2 000 euros par voiture, pour le seul plaisir de réaliser de jolis petits films et de belles affiches sans impact sur le public ? Nous vous prions de croire que la publicité a une réelle influence sur vous. Il suffit pour s'en convaincre d'y échapper pendant quelque temps puis d'y revenir pour constater son effet. Ceux d'entre nous qui habitent à la campagne se sentent agressés, chaque fois qu'ils retournent en ville, par les panneaux publicitaires géants, parfois illégaux, qui envahissent les rues et les murs. Les citadins, eux, croient qu'ils ne les voient plus. Pourtant, notre cerveau continue d'être sollicité.

De même, en feuilletant les catalogues des grandes surfaces, vous faites mentalement, sans trop y penser, une liste de tout ce qui vous manque ou vous fait envie. Êtes-vous bien certain que vous auriez fait la même liste sans le catalogue sous les yeux ? Oui ? Alors, faites le test ! Faites votre liste avant, puis après. Comparez.

Comparez aussi votre état d'esprit en temps normal et juste après avoir regardé un magazine. Ne sentez-vous pas ce petit titillement, n'entendez-vous pas cette petite voix qui vous susurre : « j'aimerais bien, ah, si j'avais... » ?

Le pire a lieu durant la période de Noël où vous pouvez vous demander comment vous avez fait pour survivre sans toutes ces merveilles... Et ne parlons pas des enfants ! Comment vont-ils devenir intelligents sans le jeu du moment, qui développe les neurones du milieu ? Et les cartes qui améliorent les connexions synaptiques entre les neurones de droite et ceux de gauche ? Les pauvres, ils vont être tellement frustrés de ne pas avoir plus de jouets dans leur coffre ! Quoi, ils n'ont même pas de coffre ? On en fait pourtant de si jolis cette année... Et ce camion télécommandé qu'on aurait tant aimé avoir quand on était petit...

Voilà pourquoi, dans la mesure du possible, il faut se soustraire à la publicité. Fermer les magazines féminins qui contiennent deux pages de pub pour une page d'article, éteindre sa télé ou profiter des publicités pour faire autre chose, fuir le téléachat. Pour vous aider, vous pouvez coller sur votre boîte aux lettres un autocollant « Stop-pub » ! Voilà un tout petit bout de papier qui va vous faire économiser beaucoup. Il indique aux démarcheurs et facteurs que vous ne souhaitez pas recevoir de publicité. De plus en plus respectés, surtout s'ils sont imprimés par une association reconnue, ils contribuent grandement à la libération de l'esprit.

Alors, à vos corbeilles à papier, à vos autocollants « Stop pub », il est temps de commencer à résister à cette société de consommation qui nous fait croire que le bonheur est dans la possession alors que si on veut bien se donner la peine d'y penser, il est évident que, s'il est quelque part, ce n'est sûrement pas là !

Un dedans, un dehors

Si l'idée est simple, il s'agit pourtant d'un dur programme : à chaque fois que vous achetez un objet, jetez ou donnez-en un vieux. Un nouveau tee-shirt et hop ! une loque qui part à la poubelle. Une nouvelle table de chevet… et on supprime l'ancienne.

Bien sûr, vous le faites déjà pour les meubles, l'espace étant plus vite rempli. Mais le faire pour tous les objets a aussi un autre intérêt : non seulement votre maison ne déborde pas (une fois le plafond que vous jugez raisonnable atteint, vous vous y tenez), mais en plus savoir que, si vous achetez un tee-shirt, vous allez devoir vous défaire d'un autre peut limiter vos achats : celui-ci vaut-il vraiment la peine que vous vous débarrassiez de celui-là ?

Pour être efficace, ce principe doit s'appliquer à tous les objets : de la brosse à cheveux aux casseroles en passant par les CDs et les jeux des enfants…

Évidemment, cela ne s'applique pas si vous n'avez pas « assez » de l'objet en question… (par exemple, si vous avez trois assiettes à dessert alors que vous êtes cinq !)

TO BUY
OR
NOT TO BUY
J.A.

Des questions à se poser avant d'acheter

Dans son livre *La vie simple, mode d'emploi*, Pierre Pradervand nous propose une liste de questions qui peuvent agir comme un garde-fou lorsque vous prend une soudaine et irrépressible envie de consommer ! Nous ne vous en livrons que quelques-unes, celles qui nous semblent les plus utiles.

Extrait de *La vie simple, mode d'emploi*
de Pierre Pradervand

D'abord, en ai-je vraiment besoin ?

Cette question est la plus fondamentale de toutes. Appliquée de façon honnête et rigoureuse, elle pourrait faire autant pour transformer vos habitudes d'achat que toutes les autres questions qui suivent. En même temps, elle ne doit pas être appliquée de façon dogmatique et rigoriste.

Est-ce que cet achat va m'aider à me simplifier la vie ?

Pourquoi est-ce que j'achète ceci ?

Est-ce que pour compenser un manque affectif, une déception ? Par désir de statut social ou parce que je crois que cela va renforcer positivement mon image de moi-même [...] ? Ou me serais-je fait avoir par une pub maligne ? La connaissance de soi est un outil indispensable pour acheter intelligemment !

Vais-je l'utiliser assez souvent pour justifier la dépense consentie ?

Si par exemple j'achète un four à micro-ondes, ou un vêtement, une vidéo, etc. dont je ne me sers presque jamais, cela représente un gaspillage de ressources rares et une perte inutile de mes revenus.

La consommation de cet objet m'aidera-t-elle à renforcer mes priorités de vie ? Est-elle cohérente avec mes convictions profondes ?

Avant tout, puis-je posséder cette chose ou l'utiliser sans qu'elle me possède ou l'utilise ?

Un des progrès les plus importants que vous pourrez accomplir pour simplifier votre vie est de développer une attitude de gestionnaire face à tout ce que vous possédez, y compris et surtout face au temps et à l'argent. Cela vous donnera un sentiment de liberté intérieure, de légèreté incroyable. On pourrait écrire un livre entier sur cette question sans l'épuiser. La règle de base est très simple : la possession enchaîne, se voir comme gestionnaire de tout libère. La possession est mue par la peur de perdre et la peur du manque, la plus grande peur sur la planète. De voir toute la vie – les choses, la nature, votre corps, l'argent, etc. – comme un flux d'énergie ininterrompu donne une joie sans pareille.

Du bon usage de la mémoire

Les objets sont souvent encombrants à cause des souvenirs qu'ils véhiculent. Ce que vous cherchez à garder, ce n'est pas tant le matériel que l'immatériel : ce qui s'accroche à cet objet, le passé qui s'enfuit, le souvenir que vous craignez de voir disparaître au fil du temps à cause de votre mauvaise mémoire.

Une des solutions consiste à prendre en photo ces objets si chers et à se concocter un album de souvenirs.

La photo est un merveilleux outil qui prend beaucoup moins de place qu'un objet. Prendre des photos des objets que vous avez aimés, les mettre en scène dans un album ou une boîte avec des commentaires choisis permet de garder dans un minimum d'espace : des vêtements, des meubles, des maisons, des gens, des peintures, des cadeaux, des repas, et pourquoi pas des parfums, des musiques. Notre cerveau est un formidable outil que l'on oublie trop souvent de solliciter. Il suffit d'utiliser un sens (la vue par exemple) pour reconnecter tous les autres sens liés au souvenir.

Plus vous aurez de mémoire, plus vous aurez en tête vos souvenirs, plus vous serez libre des objets.

Musclez votre mémoire : prenez des photos, tenez un petit cahier où vous notez vos souvenirs, vos émotions, les mots de vos enfants, les phrases que vous aimez, les événements importants (quelques mots-clés suffisent, pas besoin d'écrire un roman).

Le soir, avant de vous endormir, prenez deux minutes pour visualiser ce qui vous a plu dans la journée, éventuellement ce qui vous a déplu, « photographiez » visuellement les choses qui vous font du bien. Et laissez faire votre cerveau pour les ranger dans les bons tiroirs.

De temps en temps, faites-vous une séquence souvenirs, seul ou à plusieurs. Relatez des anniversaires, des fêtes de famille, des soirées chez des amis, des souvenirs d'école… Usez et abusez du caméscope pour graver des moments, construisez-vous des diaporamas grâce à votre ordinateur, aujourd'hui les possibilités sont infinies grâce au multimédia.

Si c'est trop difficile, commencez par des choses très proches dans le temps. Hier, avant-hier, l'année dernière. Si vous faites cet exercice assez souvent, vous verrez que vous remonterez de plus en plus loin dans vos souvenirs et que vous affinerez de plus en plus votre vision.

Faites vous aider : parlez avec votre famille ou vos amis des souvenirs que vous avez en commun. Il y a fort à parier que les autres vous donneront des détails que vous aviez oubliés. Et vous passerez un merveilleux moment.

Feuilletez ensemble l'album de famille, relisez des lettres, réécoutez des musiques de votre enfance et laissez-vous guider.

Lorsque vous serez tellement imprégné de ces souvenirs que vous saurez que vous ne pourrez plus les oublier, lorsque vous aurez conscientisé ces événements dans votre présent, vous n'aurez plus besoin des objets qui s'y attachent.

Tout sera en vous. Et ne sera jamais perdu.

J.A.

Le piège de la technique

« Progrès : doctrine qui consiste à compliquer ce qui est simple. »
Pierre Desproges

Nous vivons une ère moderne, une ère de progrès, d'évolutions permanentes, de changements rapides qu'il faut suivre, sous peine de se faire assimiler à un dinosaure par son entourage proche et moins proche. De nombreux éléments vous poussent à une consommation effrénée : en prendre conscience permet en partie d'en éviter les pièges.

Le premier de ces éléments est l'obsolescence planifiée des objets manufacturés. Une machine à laver, un ordinateur tomberont en panne quelques mois ou années après la fin de la garantie. C'est prévu. Car qui aurait besoin d'acheter deux ou trois machines à laver sinon ? Personne. Il faut donc vous encourager à le faire. Contre cela, vous ne pouvez pas grand-chose à part vous mettre au bricolage…

L'autre élément, c'est ce souci de toujours vouloir être à la pointe de la technique. L'appareil photo qui vous rendait de bons et loyaux services devient insuffisant, voire nul, le jour où sort un nouveau modèle avec de nouvelles fonctions que vous n'utiliserez probablement pas, mais dont vous pourriez éventuellement avoir l'utilité un jour, si… Et c'est la même chose pour l'ordinateur, obsolète trois jours après l'achat, les caméscopes et, de manière générale, tous les objets issus de la haute technologie. Pourtant, si vous n'étiez pas au courant des innovations, vous vous contenteriez avec bonheur de ce que vous avez.

Apprenons donc à résister aux sirènes de la nouveauté. Certes, l'ouverture automatique des vitres de la voiture vous semble bien pratique, mais quelle poisse quand elles tombent en panne… Pas de risque de panne avec un « remonte-vitres » mécanique, qui fonctionne à la bonne huile de coude.

Le cas du téléphone portable

De la même manière, avez-vous absolument besoin de votre téléphone portable ? Bien évidemment votre argument sera de dire que votre portable est utile mais il est important de faire la différence entre ce qui est « utile » et ce qui est « nécessaire ». Si vous achetiez tous les objets simplement parce qu'ils sont « utiles », vous vous retrouveriez bientôt croulant sous les gadgets technologiques !

Certains ont effectivement besoin de leur téléphone dans la mesure où il est pour eux un outil de travail. Citons les commerciaux, les infirmiers libéraux, les routiers, les artisans, bref, tous les gens pour qui les déplacements sont partie intégrante de leurs « heures de bureau » et qui doivent continuer à être joignables par leur patron et leurs clients. Peut-être êtes-vous dans ce cas. Mais peut-être aussi ne possédez-vous un téléphone portable que parce que la publicité ou le regard des autres vous a incité à l'acheter.

C'est ainsi que vous réaliserez peut-être que parfois on utilise la technologie non pour ce qu'elle nous apporte réellement en terme de confort ou de pragmatisme mais surtout pour ne pas avoir l'air dépassé, ne pas avoir l'air de vivre dans un autre siècle. La technologie est alors utilisée pour maîtriser le regard des autres et c'est d'ailleurs le cas de nombreux objets technologiques que vous achetez de peur que vos amis ou votre famille ne vous taquinent en s'exclamant devant votre télévision ou votre poste radio : « Dis donc, c'est la préhistoire ton truc ! »

N'oubliez pas non plus qu'un téléphone portable créé souvent une dépendance (on imagine qu'on ne peut pas vivre ou voyager sans !) et induit aussi une pression sociale dans la mesure où les autres pensent avoir le droit de pouvoir toujours vous joindre. Voilà certainement le plus insidieux défaut du téléphone portable : vous devez être joignable. Car, même lorsque vous pensez ne pas l'être, en utilisant par exemple la messagerie, vous entendez toujours ces bips qui vous signalent qu'on vous a laissé un message. Vous finissez par l'écouter et sûrement par rappeler la personne, alors que vous étiez soi-disant en vacances, en week-end ou en train de lire un livre. Vous n'avez alors plus d'espace de liberté, d'intimité, vous ressentez peut-être une forme de contrôle exercé sur votre vie par vos amis, votre famille, votre patron. Pucé, fliqué par votre téléphone portable, vous n'avez plus le droit d'être ailleurs. On peut alors se demander si ce n'est pas pour cela que vous ressentez tellement souvent le besoin de partir sur une île déserte ou de prendre des vacances très lointaines puisque finalement, dans votre vie de tous les jours, vous n'avez jamais le sentiment d'avoir un endroit à vous.

On oublie trop souvent qu'il y a encore beaucoup de cabines téléphoniques en parfait état de fonctionnement et beaucoup plus nombreuses que vous ne pouvez imaginer (mais peut-être ne les voyez-vous plus depuis que vous avez un portable !), on oublie aussi qu'il existe toujours des endroits publics (cafés, poste…) d'où l'on peut téléphoner en cas de problème urgent.

Certains préfèrent posséder un portable en cas de panne de voiture ou au cas où l'on chercherait à les joindre d'urgence (pour leur apprendre un décès par exemple), mais cela reste des conditions exceptionnelles qui n'attendent sûrement pas un outil au quotidien ! À circonstances exceptionnelles, solutions exceptionnelles ! Vous en trouverez forcément quand le besoin se fera sentir.

Au départ, vous avez acheté ce téléphone par confort. Mais, en y réfléchissant bien, est-ce vraiment confortable d'être obligé de penser tout le temps à éteindre son portable (au cinéma, au musée, aux réunions…) ? Est-ce confortable de se faire déranger chez des amis à 23 heures lors d'un repas sympathique, en vacances parce que vos collègues, vos clients ou votre patron ne peuvent s'empêcher de vous laisser des messages professionnels ? Réussissez-vous vraiment à faire la coupure dans ces moments-là ? Parvenez-vous réellement à être pleinement là où vous vous trouvez physiquement ?

Mais les publicitaires, malins, ont pensé à tout ! Y compris à vous qui avez réalisé que vous n'avez pas besoin 24 heures/24 d'un téléphone portable. Ils ont donc inventé le système de carte rechargeable qui vous permet de ne téléphoner que quelques minutes par mois, mais d'être joignable presque à chaque instant. Ces systèmes montrent déjà que notre utilisation est exceptionnelle et souvent vous n'avez même pas le temps d'utiliser votre crédit qu'il faut déjà acheter une nouvelle carte pour ne pas dépasser la date de validité. Du coup, vous vous forcez à téléphoner à n'importe qui pour ne pas gaspiller ce que vous avez acheté si cher ! Réaliser que vous n'en avez finalement pas besoin serait certainement plus simple, non ?

Dernier point, les abonnements aux téléphones portables coûtent horriblement cher et les conséquences de l'exposition permanente aux ondes des bornes téléphoniques ne sont pas encore complètement établies. La seule certitude, c'est que ces ondes sont véritablement néfastes.

L'expérience de Laurence

10 janvier 2006

« Hier j'ai passé ma première journée sans portable. Avant, le portable c'était l'accessoire totalement INDISPENSABLE ! C'était mon agenda, mon réveil, ma boîte à messages... bref, il ne me quittait jamais. Devenue mère au foyer, je n'en avais franchement plus aucune utilité mais je le gardais quand même parce que "c'est bien pratique" et parce qu'"on ne sait jamais si je tombais en panne, si j'étais kidnappée, si je me retrouvais seule au milieu de la nuit avec un monstre vert qui me poursuit en rase campagne..."

Bref, c'est utile un portable... surtout dans la poche des autres. Je pense déjà aux économies que je vais faire (j'ai gaspillé environ 480 euros depuis deux ans) et à cette montagne de téléphones mobiles qu'on ne sait pas recycler à laquelle je ne contribuerai pas. »

Nous sommes en 2009, je n'ai jamais racheté de téléphone portable. Je suis tombée en panne deux fois, j'ai eu un accident sans gravité une fois et j'ai eu maintes fois besoin de téléphoner pour expliquer un retard, pour prévenir la garderie des enfants ou mon mari. J'ai toujours réussi à téléphoner, d'un endroit public ou d'une cabine !

Faites connaissance avec vos voisins !

La majorité d'entre nous a des voisins. Parfois, ces voisins sont restés des inconnus, parfois ils sont devenus des amis. Ils peuvent aussi devenir des personnes ressources. Pour créer un réseau d'entraide et de prêt informel, il suffit d'oser faire le premier pas. Faire le premier pas peut consister simplement à aller frapper à côté pour emprunter un petit quelque chose qui vous manque (une chaise quand vous recevez la famille au grand complet, par exemple, ou un œuf si vous n'en avez que trois et qu'il vous en faut quatre !) Rapportez vite… Non seulement vous créerez des liens, mais vous ouvrirez aussi aux autres des espaces de possible. Peut-être sont-ils nombreux, dehors, à ne pas oser, à se sentir timides, à avoir peur de déranger. Peut-être n'attendent-ils qu'un geste pour à leur tour oser vous emprunter un moule à gaufres ou un aspirateur le jour où le leur tombe en panne.

Avantages matériels : vous n'achèterez pas un objet qui ne vous sert qu'une fois par an, vous ne prendrez pas la voiture pour un œuf ou 50 g de farine…

Mais surtout, avantages immatériels : recréer du lien dans une communauté, un village, cela passe aussi par l'interdépendance. C'est reconnaître le fait que nous pouvons nous en sortir bien mieux tous ensemble que chacun isolé dans notre coin, c'est admettre que l'individualisme nous isole les uns des autres et que si nous ne pouvons pas être ami avec tout le monde, nous pouvons en tout cas nous entraider au maximum et vivre en bonne intelligence.

L'expérience d'Alice

« Nous sommes un certain nombre, dans notre village, à rénover une maison. Au début, ne nous connaissant pas beaucoup, nous ne nous sommes pas concertés et chacun a acheté ce dont il avait besoin dans l'immédiat, qui une perceuse, qui une scie sauteuse… Chacun achetant un ou deux gros outils dans son coin pour faire ce qu'il avait à faire. Il s'est trouvé, par le plus grand des hasards, que nous n'avions pas eu besoin des mêmes choses.

Au bout d'un moment, au fur et à mesure que nos maisons commençaient à ressembler à des trucs habitables, nous nous sommes mis à avoir besoin d'autres outils. Outils que, oh miracle, nos voisins avaient achetés ! Ça tombait bien, nous n'avions plus, ni les uns ni les autres, de sous pour continuer à investir. Nous avons donc commencé à échanger les outils… à faire ensemble les travaux que nous avions appris chacun dans notre maison, à se donner des coups de main… Jusqu'à finir par faire des achats en commun pour des investissements un peu plus lourds que nous n'utilisons pas tous les jours, comme une remorque, par exemple !

Aujourd'hui, nous avons, à nous tous, tous les outils nécessaires à la rénovation d'une maison, nous avons transformé nos voisins en copains et nous avons acquis des connaissances qui valent leur pesant d'or. Tout ça parce que nous n'avions pas une fortune à dépenser. »

Bien sûr, c'est plus flagrant dans le cas d'une rénovation de maison parce que les investissements sont rapidement très lourds, mais ça marche aussi pour les appareils à raclette, les bidules à fondue et autres moules à gaufres qui servent deux fois par an dans la plupart des familles ! Et ça vous évite d'accumuler du bazar sur lequel la poussière se fera une joie de se déposer.

S'il n'y a pas de ludothèque dans votre coin, pourquoi ne pas échanger les jouets pour une période donnée ? On le fait plus spontanément pour les livres et les disques, qui gagnent toujours à être prêtés pour pouvoir ensuite en discuter, mais ce système de prêt pourrait être généralisé facilement.

D'autres ressources

Vous n'êtes pas obligé d'acheter un livre pour pouvoir le lire et figurez-vous que c'est la même chose pour les vidéos, les CDs et même les jouets dans la plupart des villes. Renseignez-vous sur les adresses des médiathèques, bibliothèques et ludothèques de votre ville ou de la ville la plus proche. Vous pourrez alors emprunter à loisir des livres que vous ne finirez pas, des CDs dont vous n'écouterez qu'une chanson en boucle et des jouets avec lesquels vos enfants ne joueront peut-être même plus dès votre retour à la maison. Vous ne ressentirez plus de culpabilité devant ces objets qui n'auront fait qu'assouvir un plaisir éphémère puisque vous n'aurez presque rien dépensé pour eux et que vous saurez qu'au terme de quelques semaines, vous vous en désencombrerez d'office en les retournant à l'institution.

D'autre part vous pourrez peut-être parfois acheter un jouet à vos enfants dont vous serez sûr qu'il leur plaira vu que c'est la huitième fois qu'ils l'empruntent !

Vous pouvez en fait louer à peu près tout, de la voiture à l'échelle en passant par les assiettes et la robe de mariée : des appareils de jardinage (motoculteur, tondeuse), un canoë-kayak, une planche à voile, une benne ou un compacteur, du linge et des vêtements professionnels, des déguisements, des caméras, un vidéo projecteur, du matériel de bricolage, une scie sauteuse, du parquet, des tables, des chaises, des appareils de chauffage, un frigo, une friteuse, de la vaisselle, des tentes, des décorations, des plantes, des rideaux, une télévision, un magnétoscope, etc.

Bien sûr, il est peu probable que vous ayez besoin de tout ça, néanmoins, on n'imagine pas, souvent, tout ce qu'il est possible d'emprunter ou de louer.

Louer une voiture ? Oui !

Difficile d'imaginer s'en désencombrer ! Pourtant, la voiture est un objet particulièrement coûteux, encombrant et polluant.

Ivan Illich avait calculé dans les années 1970 qu'en prenant en compte le temps moyen passé à gagner l'argent nécessaire à l'achat d'une voiture (prix du véhicule divisé par notre salaire horaire = nombre d'heures nécessaires pour acheter une voiture), à la couverture des divers frais inhérents (l'entretien, l'essence, l'assurance, même calcul), ainsi que le temps nécessaire à l'entretien lui-même, en plus du temps réellement passé à conduire le véhicule, alors, on atteignait une vitesse de 6 km/h. À l'époque, en effet un Américain consacrait 1 600 heures par an à sa voiture en ne parcourant que 10 000 kilomètres.

Nous ne nous sommes pas amusées à refaire les calculs mais, vu l'augmentation du prix des véhicules, du prix des pièces, conçues pour ne pas pouvoir être changées simplement ou réparées (trop d'électronique), du coût du carburant toujours en hausse, il est probable que la moyenne soit tombée bien au-dessous des 6 km/h. Pas glorieux pour un objet censé nous déplacer rapidement d'un point à un autre ! Rappelons qu'un homme en bonne santé se déplace justement à environ 6 km/h !

Pourtant, réussir à s'en passer est une gageure, *a fortiori* quand on habite à la campagne ou qu'on a des enfants. C'est pourquoi, depuis quelques années, de nombreuses initiatives voient le jour pour vous aider à sauter le pas et passer de deux véhicules à un seul voire zéro.

Tout d'abord, il est assez simple au sein de votre entreprise d'accrocher un petit tableau proposant le covoiturage. Indiquez où vous habitez et, éventuellement, les communes que vous traversez pour arriver sur votre lieu de travail. Vous habitez sûrement sur le chemin d'un collègue.

N'oubliez pas non plus de surfer sur les sites Internet que mettent à votre disposition de nombreuses villes ou communautés d'agglomération.

Découvrez aussi les « auto-partages » qui permettent à un groupe d'individus d'acheter une voiture en commun et de la partager. Le concept plaît tant que des entreprises s'en sont emparées ! On trouve de nombreux sites sur Internet – comme Mobizen.fr ou Autotrement.com – qui indiquent, ville par ville, où ces réseaux sont implantés.

Ils fonctionnent à peu près tous de la même façon, avec ou sans abonnement. Une inscription est nécessaire pour obtenir la carte à puce qui permet d'ouvrir les voitures ou les dépôts de clés. Ensuite, il faut réserver – le système de réservation est plus ou moins souple selon les agences – puis prendre la voiture et la ramener. Vous pourrez choisir entre la petite citadine et le monospace, selon vos besoins. En général, le tarif horaire est de 9 euros. Et vous pouvez réserver une voiture jusqu'à cinq minutes avant le départ et la garder jusqu'à une semaine ! Bien pratique !

Le bazar des autres

Comment ça ? Non seulement vous devez vous attaquer à votre propre bazar mais vous devez aussi gérer celui des autres ? Eh oui ! En fait, nous évoquons ici tous ces objets que des personnes bien intentionnées nous offrent pour nous rendre service mais aussi le bazar des gens qui vivent avec nous, colocataires, enfants, conjoints, tantes ou grands-pères…

Le bazar qui vient du froid

À la naissance de votre petit dernier, vous aviez été particulièrement touché de voir le nombre de gens disposés à vous prêter ou à vous donner du matériel de puériculture, des vêtements, des biberons et, honnêtement, cela vous avait rendu bien service. Mais comment faire quand la voisine, qui vous a gentiment proposé des vêtements pour votre aîné et à qui vous avez tout aussi gentiment répondu que vous n'en vouliez pas, vous les dépose devant la porte en votre absence ?

Comment ne pas se laisser envahir par tous ces gens qui, pour nous rendre service, désencombrent leur maison en encombrant la nôtre ? Car il en est de ces objets donnés pour « nous rendre service » comme des cadeaux tombés à côté de la plaque : nous n'osons pas les renvoyer d'où ils viennent, les redonner à d'autres, les refuser. Pourtant, c'est votre droit le plus strict. Si vraiment vous n'en voulez pas, dites-le. Ça ne tuera personne, c'est promis. Et si vous craignez qu'à l'avenir la personne à qui vous avez opposé un refus ne vous repropose plus rien, alors acceptez ce qu'elle vous offre, mais soyez impitoyable dans le tri. Et surtout, faites ce tri immédiatement. Rien de pire pour l'ambiance d'une maison que ces grands sacs de vêtements qui traînent dans l'entrée. Éventuellement, si vous pouvez, faites le tri avec votre précieux donateur, pour qu'il puisse aller proposer ce dont vous ne voulez pas à quelqu'un d'autre… N'oubliez pas : vous ne rendez service à personne en acceptant quelque chose dont vous n'avez ni besoin ni envie.

Il arrive aussi que, parce que c'est gratuit, on se persuade de l'intérêt de l'objet. On tombe alors dans le même piège que lors des soldes… « Ça ne va pas me ruiner… » Non, mais si vous n'en avez pas besoin, si vous n'êtes pas prêt à l'acheter, cela vaut-il la peine de le garder ?

Le bazar du conjoint, des enfants, des autres habitants

Il est toujours extraordinaire de constater qu'en règle générale, si on supporte assez bien sa propre vieille collection de flacons de parfum qui prend la poussière depuis plusieurs années sur un coin d'étagère, on a beaucoup plus de mal avec le malheureux peigne édenté que notre conjoint traîne depuis son baptême et auquel il tient comme à la prunelle de ses yeux. Pourtant, en toute objectivité, ledit peigne est rangé dans un tiroir et prend beaucoup moins de place que vos 30 ou 40 flacons… Mais voilà, celui-ci, vous n'auriez aucun mal à vous en débarrasser, alors que ceux-là, c'est autre chose.

Permettez-nous de vous mettre en garde. Il est très dangereux de désencombrer pour les autres. Dangereux pour la paix des foyers, parfois très douloureux et au final contre-productif.

J.A.

En matière de désencombrement, que chacun s'occupe de son bazar !

- Parce que, une fois que vous aurez jeté en pensant bien faire, un ou deux objets auxquels vos enfants ou vos conjoints tenaient, votre entourage se méfiera de tout ce qui ressemblera de près ou de loin à du désencombrement et même vous mettra des bâtons dans les roues au lieu de vous aider. Or, l'entreprise est déjà suffisamment ardue sans avoir besoin de vous la compliquer ;
- parce qu'il est très difficile de savoir ce à quoi les autres tiennent vraiment. Un enfant peut ne plus jouer avec un jouet sans pour autant être prêt à s'en débarrasser, votre conjoint peut ne jamais regarder sa collection de coupes de foot ou ne plus jamais trouver le temps d'aller à la pêche, ce n'est pas pour cela que vous pouvez, dans son dos, bazarder les coupes et donner tout son matériel de pêche à votre petit neveu ;
- parce que ce qui vous fera du bien, à vous, c'est de vous délester de vos propres possessions, de faire le vide dans votre penderie, vos tiroirs et qu'il est plus que probable que vous ayez déjà largement de quoi vous occuper, sans aller mettre le nez dans les tiroirs de votre moitié ;
- parce que si vous voulez aussi apprendre à vos enfants à partager, à ne pas s'encombrer, à ranger alors vous devez le faire avec eux, non pas dans leur dos. La plupart des enfants comprennent très bien qu'un jouet qui ne sert plus et dont ils n'ont plus envie puisse rendre heureux un autre enfant si on le lui donne, ou permette d'acheter un autre jouet si on revend celui-ci en vide-greniers ;
- parce que votre enthousiasme et votre sensation de liberté vont donner envie à votre entourage de s'y mettre, vont les

motiver pour, sinon vous aider, au moins vous indiquer lesquelles de leurs affaires vous pouvez vous permettre de jeter ou donner.

Souvent, les affaires des autres sont l'arbre qui cache la forêt. Vous ne voyez plus que ça, vous vous heurtez toujours aux mêmes objets que vous déposeriez bien à la décharge dans l'heure. Profitez-en pour vous interroger : qu'y a-t-il derrière cet arbre ? Comment est cette forêt ? Touffue, effrayante, sombre ? Alors, à quel tiroir secret ou difficile serait-il temps, pour vous, de vous attaquer ? Quels mauvais souvenirs pourriez-vous affronter et nettoyer ? Quel effet cela vous ferait-il de vous attaquer enfin à ce carton caché en haut du placard de la chambre depuis des années ?

X

Les obstacles

À lire ce livre, vous voilà peut-être pris d'un enthousiasme débordant, peut-être l'avez-vous même posé à plusieurs reprises pour vous attaquer à un bout ou l'autre de votre habitation… peut-être au contraire vous sentez-vous encore plus perdu, débordé, envahi… Il faut s'attendre à de possibles difficultés lorsque l'on entreprend un tel travail. Parmi celles-ci, vos réactions affectives, celles de votre entourage, le manque de temps sont les plus probables.

Les sentiments négatifs

Désencombrer sa maison n'est pas une mince affaire. Vous pourrez être confronté à de nombreux sentiments violents, qu'ils soient positifs ou négatifs.

Parmi les sentiments positifs, vous pourrez ressentir du soulagement, une sensation de liberté immédiate et nouvelle mais qui sera peut-être suivie par une grande culpabilité : « Quoi ? J'ai osé jeter ce vase de famille ou les photos de mes cousins décédés ? » Acceptez ces sentiments en les regardant, en les accueillant.

Une grande joie peut vous envahir, une joie enfantine, qui vous donnera envie de sauter et de rire dans votre maison allégée.

Mais lors du désencombrement lui-même, vous pourrez traverser plusieurs phases.

La colère

Il arrivera peut-être qu'une colère immense monte en vous. Un ressentiment à l'encontre de vos ancêtres, par exemple, qui vous ont légué un tel fatras, de tels soucis. Ou de la colère vis-à-vis de ceux qui, pensant vous aider en vous offrant telle ou telle chose, vous ont en réalité mis dans l'embarras avec de nouveaux objets à trier. Cette colère pourra vous faire détester le monde entier ou quelques personnes pendant un moment. Elle devrait passer une fois les objets encombrants débarrassés de votre maison. Ou sinon, elle vous indiquera peut-être de nouvelles pistes de réflexion.

La honte

Il est aussi possible que vous ayez honte. Honte de tout l'argent dépensé en vain, pour des objets que vous n'aimez pas et qui ne vous servent pas. Honte de vous être laissé avoir par les marchands de rêve, honte de votre naïveté, de votre tendance à tout garder ou à acheter à tort et à travers. Le sentiment de honte peut être plus aigu encore si vous vous faites aider pour votre désencombrement. À vous alors de voir si cela vous aide ou si le regard d'autrui vous rend misérable.

L'angoisse

L'angoisse peut vous assaillir devant des dilemmes qui paraissent insolubles. « Je garde, je ne garde pas… Je n'aime pas cet objet, mais je ne *peux pas* le jeter… » Acceptez alors qu'ils restent non résolus pendant un moment. Prenez la décision – puisqu'il faut en prendre une – de garder… Vous n'avez pas à tout désencombrer d'un coup, il ne s'agit pas de se faire mal, mais de se soulager, n'allez pas plus loin que vos forces ne vous le permettent. Vous pourrez, lors d'une prochaine session de désencombrement, revenir sur votre décision et jeter l'objet en question. Autorisez-vous à faire des pauses, à prendre votre temps, à désencombrer petit à petit. Autorisez-vous à faire ce que vous savez être bon pour vous. Certes, tout le monde trouve que votre entrée serait plus jolie sans ce tableau peint par votre meilleur ami mais vous adorez ce tableau… alors laissez parler les gens. Gardez votre tableau.

Le découragement

Le découragement est un sentiment fréquent lorsqu'on entreprend ce travail. La tâche semble si importante, si impossible en fait. Vous aurez peut-être l'impression que vous n'y arriverez jamais. Pourtant, à condition de la découper en petits morceaux accessibles, c'est tout à fait à votre portée.

Prenez soin de vous et de vos sentiments. Écoutez ce que cela vous fait. Prenez en compte vos réactions. Des souvenirs vont remonter, de la boue va peut-être être remuée. C'est normal, cela fait partie du désencombrement.

Léa, 30 ans, bénévole dans une association de soutien à l'allaitement, praticien Shiatsu et mère de trois enfants

« J'ai commencé à désencombrer avec les réunions de SV organisées près de chez moi et j'ai trouvé que, ma maison étant petite, il fallait absolument qu'elle respire. Soit j'épurais, soit je déménageais. Je me suis rendu compte qu'il y avait beaucoup de choses qui ne me servaient pas. Comme c'était trop difficile toute seule, je me suis fait aider.

On a commencé par le salon/cuisine, la pièce la plus visible, et on a vidé trois ou quatre sacs poubelles de bibelots, de vaisselle ébréchée, de... je ne sais même plus, de vieilles casseroles... Et pendant tout le processus, je me suis sentie honteuse et ridicule d'avoir autant de choses idiotes dans ma maison. Je me sentais jugée par la personne qui m'aidait à désencombrer, j'avais l'impression qu'elle se moquait, qu'elle éprouvait un plaisir presque sadique à pointer les objets les plus moches de ma maison. Du coup, j'étais très en colère, parfois au bord des larmes, avec l'envie de mettre mon amie à la porte. Je ne l'ai pas fait parce que je savais qu'il fallait le faire et que je me sentirais mieux après. C'était un genre d'épreuve. J'avais le sentiment que j'aurais les idées plus claires si ma maison était plus ordonnée. Ma colère est partie avec la poubelle... et le passage des éboueurs. Et là, je me suis sentie mieux. Tant que c'était dans la poubelle, j'avais l'impression que je pouvais encore tout récupérer.

La conséquence la plus visible, même si ce n'était pas le but premier, est que mon salon se range quatre fois plus vite et s'encombre quatre fois moins rapidement.

Mais il faut recommencer régulièrement car on accumule très vite, on se fait offrir des bibelots, on rachète. C'est surtout difficile de se débarrasser des cadeaux parce que j'ai peur de blesser la personne qui me les a offerts.

Dans l'idéal, j'aimerais que chaque chose ait sa place et son utilité, mais ce n'est pas encore ça. »

Vos proches sont « contre »

Lors d'un désencombrement, on s'attaque en priorité à ses propres affaires, mais vient un moment, si l'on habite à deux, où il faut en venir à celles du couple, celles que l'on possède en commun, que l'on a achetées ensemble, ou reçues lors d'un mariage, par exemple… Là, l'accord du conjoint s'avère nécessaire. Et parfois délicat à obtenir. De même, il vous faudra peut-être désencombrer, par exemple, les dessins de vos enfants devenus ados, ou leurs affaires de bébé. Ces derniers peuvent ne pas apprécier ce ménage par le vide. Certains auront l'impression que c'est une partie d'eux que l'on jette à la poubelle, car il est vrai que l'on s'identifie à ses possessions et plus encore à ce que l'on a fabriqué soi-même.

Alors, comment faire ? En ce qui concerne les dessins, par exemple, ou les affaires de nourrisson, il est peu probable qu'ils sachent exactement ce que vous avez gardé, ils ne pourront donc

J.A.

pas vous reprocher de faire du ménage… En ce qui concerne le conjoint, du temps et de la patience seront nécessaires. Quelques astuces peuvent vous sauver la mise. Par exemple, proposer de mettre dans un carton au grenier ce que vous vous proposez de jeter ou donner, et s'accorder ensemble sur un délai raisonnable au-delà duquel, comme pour soi, si l'on n'est pas retourné chercher l'objet, on pourra considérer qu'il est possible de s'en débarrasser. Des négociations sont toujours possibles : d'accord, on garde ça, mais on jette ça…

Mais il faut savoir aussi que, avant même d'en arriver aux affaires du couple, il se peut que votre désencombrement, surtout s'il est rapide et général, mette votre conjoint mal à l'aise, le stresse, voire le panique. Tout simplement parce que c'est inquiétant de voir l'autre changer. Jusqu'où allez-vous aller ? Que vous arrive-t-il ? Autant de questions légitimes que vous pouvez désamorcer en entamant vous-même le dialogue sur ce qui se passe en vous, les raisons qui vous poussent, le bien-être que cela vous apporte.

Notez bien, tout de même, qu'un certain nombre de personnes témoignent du scepticisme premier de leur entourage, puis de leur incrédulité, avant un revirement étonnant et même un engouement…

Témoignage, Marjorie, sophrologue, mère de trois enfants

« Personnellement, j'ai toujours été assez peu encombrée, je me contentais de l'essentiel et de deux ou trois choses futiles, d'autant plus que nous déménagions très souvent... Mais, à une époque, nous sommes restés longtemps au même endroit et nous avons commencé à accumuler de plus en plus de choses plus ou moins utiles...

Au même moment, j'ai fait ma crise de la trentaine, je souhaitais revenir à l'essentiel matériellement et humainement parlant. À cette période, j'ai rencontré des personnes vivant d'une façon *alternative* et cela m'a ouvert à d'autres valeurs que celles que l'on m'avait inculquées. Dans ce processus, j'étais en mutation personnelle et cela a fait souffrir beaucoup de mes proches ainsi que mon mari.

Ce dernier ne me comprenait plus, il ne savait plus qui il avait en face de lui. C'était assez indifférent à mes enfants que je fasse le vide à la maison, ils sont très créatifs et s'occupent avec rien, ils n'ont jamais eu beaucoup de jouets... Mais mon mari, c'est différent : petit, il n'a rien eu de ce que nous nous considérons comme normal. Des chaussures neuves et à sa taille, des vêtements pas trop démodés, des livres, un lit personnel, une salle de bains, une famille... rien de tout ça. Donc pour lui, c'était une vraie promotion sociale de pouvoir accéder à ce confort matériel. Et il ne comprenait pas que je veuille me désencombrer, d'autant que ce n'est pas quelqu'un qui accumule à l'excès.

Pour en revenir au désencombrement, je m'y suis mal prise car j'étais en crise. Je prenais un carton, le remplissais, je le mettais au garage. Je décidais toute seule, je n'en parlais pas. Quand mon mari rentrait le soir, parfois il ne retrouvait pas certaines choses... du coup, forcément, c'est mal passé. Pourtant, pour moi, c'était une avancée !

La difficulté était pour moi de trouver comment modifier ma façon de vivre sans laisser derrière moi ceux que j'aimais...

Finalement, mon mari a trouvé ça très difficile à vivre, mais il l'a accueilli, il m'a laissé faire ce que j'avais à faire, il sentait que j'en avais besoin. Et moi, j'ai respecté son besoin de garder ses affaires, je n'ai pas désencombré pour lui. Finalement, je me rends compte que les objets marquent notre territoire...

Un minimum de meubles permet d'éviter l'encombrement matériel. Nous possédons une seule armoire pour les vêtements de toute la famille ! Quand la caméra et l'appareil photo sont tombés en panne, nous n'avons pas pu les racheter, du coup j'ai moins de photos mais j'ai l'impression de vivre plus les choses, j'ai plus de souvenirs, ma mémoire est plus alerte... Nous montrons aux enfants qu'on peut faire sans... et que nous avons des possibilités d'adaptation. Nous nous donnons les moyens pour ce qui nous paraît vraiment important... Depuis que nous sommes dans une nouvelle maison qui nous plaît vraiment, nous éprouvons beaucoup moins le besoin de partir en vacances... J'évite de faire des stocks quand je fais les courses ; je récupère en ce moment des vêtements pour mes enfants, des vêtements que l'on nous donne ; j'utilise le même produit ménager pour tout ; je ne désencombre plus depuis notre déménagement, nous veillons ensemble à aller vers nos besoins de base sans accumuler ; nous savons nous faire plaisir... »

Vous n'avez vraiment pas le temps

« Ne craignez pas d'être lent,
craignez seulement d'être à l'arrêt. »
Proverbe chinois

Cette excuse n'est pas valable. C'est une fausse excuse. Dites plutôt que vous ne voulez pas prendre le temps, ce qui est parfaitement votre droit. Mais désencombrer peut se faire cinq minutes à la fois ; il est même possible que ce soit la meilleure façon de le faire pour vous. Essayez, pour voir : prenez votre minuteur, là, tout de suite, et ouvrez un tiroir. Incroyable le travail qu'on peut accomplir en seulement cinq minutes. Si vous n'avez que cinq minutes par jour, eh bien vous ne désencombrerez que cinq minutes par jour, c'est tout. Le travail mettra plus longtemps à se faire, mais il se fera, n'en doutez pas. Et les bénéfices que vous en retirerez seront les mêmes. Une fois que vous aurez commencé à désencombrer, il se peut même que vous vous trouviez pris au jeu (c'en est un) et que, subitement, vous découvriez que oui, allez, encore dix minutes, vous avez bien le temps !

Oups ! Vous avez trop désencombré !

Flûte ! Vous avez justement besoin de cet accessoire que vous avez gentiment offert à votre petite cousine il y a quelques semaines ! Pourtant, vous ne vous en serviez plus depuis des années, et il faut qu'il vous soit nécessaire maintenant ! À bas le désencombrement !

Ne vous inquiétez pas ! Bien sûr il arrivera que vous vous rendiez compte, après coup, de l'usage que vous auriez pu faire d'un objet dont vous vous êtes débarrassé, mais c'est en proportion minime par rapport à tous ceux qui auront quitté votre maison et qui ne vous manqueront jamais ! Et puis, ce sera peut-être l'occasion d'emprunter ou de louer, et vous découvrirez alors une autre façon de consommer.

Lorsque vous désencombrerez, ne soyez pas non plus trop strict, il ne s'agit pas de devenir ascète et de ne plus vivre qu'avec quelques guenilles et trois outils ! Sachez vous entendre dans vos résistances mais aussi dans vos besoins. Vous ferez des erreurs, vous jetterez des choses utiles et en garderez d'autres dont vous vous apercevrez plus tard qu'elles étaient superflues. Peu importe. Au fur et à mesure, vous réussirez à trouver le juste équilibre entre le « trop » et le « trop peu », et vous affinerez de plus en plus vos réels besoins en matière de matérialisme !

AAAAAAAAAAH

L'expérience de Laurence

« Un moment, j'avais résolu le problème de l'encombrement des vêtements par une garde-robe minimaliste : sept tenues, une pour chaque jour de la semaine, on peut difficilement faire plus simple. Sauf que, n'étant pas très régulière dans mes lessives, il était rare que mes sept tenues soient propres pour la semaine suivante, ou alors les vêtements qui allaient ensemble n'étaient pas propres en même temps, de sorte qu'au bout d'un moment, m'habiller devint un vrai casse-tête ! Je m'étais bien compliqué la vie ! J'ai dû m'acheter de nouveaux vêtements, mais l'avantage du désencombrement, c'est que je me suis racheté uniquement des vêtements qui me plaisaient et qui me faisaient une jolie silhouette. J'ai pris plus de temps pour réfléchir à mes achats, j'ai appris à me connaître, à repérer les couleurs, les formes qui me mettaient en valeur. J'ai choisi des vêtements dans deux ou trois camaïeux de couleurs coordonnées, pour que chaque pièce de ma garde-robe puisse toujours aller avec n'importe quelle autre ! J'ai aussi acheté des vêtements que je peux mettre aussi bien l'été que l'hiver : des robes légères que je superpose en hiver sur des sous-pulls et des gros collants ou que je porte comme tuniques sur un pantalon, bref j'ai décidé de m'habiller comme un oignon, en enlevant plus ou moins de couches selon la saison ! Ainsi, j'ai la chance de n'avoir que peu de vêtements sans jamais me planter devant l'armoire en hurlant : « J'ai rien à me mettre !!! » Le désencombrement de mes vieilleries m'aura au moins aidée à me concocter une armoire idéale ! Moins mais mieux remplie ! »

Conclusion

« Les humbles travaux quotidiens, la simplicité de la vie, les modestes joies qu'on se tisse dans la couleur du temps qui passe, tout cela ressemble étrangement au bonheur. »
Ève Belisle

Le désencombrement n'est pas une fin en soi. Trier, ranger et jeter ne doit pas devenir une obsession ou une contrainte supplémentaire. Vous devez comprendre que, souvent, le désencombrement n'est qu'une étape sur le chemin de la reconquête de son espace et de son énergie. Débarrasser son espace vital permet de se libérer l'esprit. Tous ceux qui en ont fait l'expérience vous le confirmeront : on y gagne incroyablement en tranquillité, en énergie et en sérénité.

Dire que jeter vos casseroles vous amènera à la paix intérieure peut faire sourire. Mais aucune casserole ne vous consolera jamais de la perte d'un proche, aucun meuble ne vous fera passer votre plus folle et plus belle nuit d'amour, aucun téléphone portable ne suivra votre cercueil au cimetière, aucune télévision dernier cri ne vous dira jamais « je t'aime » ni ne vous demandera si vous aimez les fleurs… Les objets éloignent des gens. Pourtant seuls les gens font le monde et la vie que vous aimez tant.

Combien de temps passez-vous à vous occuper de vos objets, à les laver, à les ranger, à les acheter, à les revendre, à les collectionner, à les réparer ? Et combien de temps consacrez-vous réellement à vos proches, à vous-même ?

Combien d'argent dépensez-vous pour ces objets en achat mais aussi en assurance, en entretien ? Combien de temps pourriez-vous vivre sans travailler avec tout cet argent ? Pourriez-vous enfin ouvrir votre « propre affaire » ? Pourriez-vous reprendre vos études ? Élever vos enfants ? Voyager ? Ne rien faire ?

Il n'est pas rare de constater que le désencombrement mène à une réflexion profonde sur son rapport à la consommation, sur ses besoins vitaux, sur sa définition du bonheur. Si futile et superficiel qu'il paraisse, il peut nous permettre de comprendre quelles sont les valeurs auxquelles on tient réellement, nous aider à mesurer ce que l'on veut retenir et montrer de soi. C'est un premier pas vers plus de liberté matérielle, financière et spirituelle. Le désencombrement est bien loin d'être une technique supplémentaire d'organisation de la maison ou de ménage, que seules des *executive women* peuvent adopter, entre les tableaux de planification des repas et l'agenda cloisonné. Vider les placards amènera certains à enlever les placards eux-mêmes puis à constater que les pièces sont presque vides sans les placards. Peut-être envisageront-ils de vendre la grande maison vide et de déménager dans une maison plus petite mais assez grande pour loger le peu de meubles qui reste. Ils réaliseront alors qu'ils économisent ainsi le loyer exorbitant de la grande maison vide. Ils pourront s'autoriser enfin à réduire leur temps de travail ou à prendre une année sabbatique pour voyager avec les économies dégagées.

Voilà à quoi la « technique » ridicule du désencombrement peut mener. À la réalisation de vos rêves de jeunesse, à la pleine possession de vous, à la liberté de faire correspondre vos convictions et le monde réel dans lequel vous vagabondez, à une vie plus simple car plus centrée sur l'essentiel : les vôtres, vous, la vie…

Achevé d'imprimer sur rotative par l'Imprimerie Darantiere à Dijon-Quetigny
en mars 2009 - Dépôt légal : mars 2009 - N° d'impression : 29-0298

Imprimé en France

IMPRIM'VERT
Votre imprimeur agit pour l'environnement

Dans le cadre de sa politique de développement durable, l'imprimerie Darantiere a été référencée IMPRIM'VERT® par son organisme consulaire de tutelle. Cette marque garantit que l'imprimeur respecte un cycle complet de récupération et de traçabilité de l'ensemble de ses déchets.